Herder Taschenbuch 1699

Über das Buch

Immer wieder hat es in der Kirchengeschichte Männer und Frauen gegeben, die sich für ein klösterliches Leben in Keuschheit und Gehorsam entschieden und für die der Verzicht auf die Ehegemeinschaft nicht gleichbedeutend war mit einem Verzicht auf Freundschaft und Liebe. Freimütigen Ausdruck fand ihre Sehnsucht nach Nähe und Austausch in „Liebesbriefen hinter Klostermauern", die z. B. von Jordan von Sachsen, Teresa von Ávila, Bernhard von Clairvaux oder Thérèse von Lisieux überliefert sind. Die Herausgeber haben bewegende Zeugnisse dieser geistlichen Freundschaften zusammengestellt und eingeleitet. Menschen, die wir als Heilige verehren, erleben die liebevolle Zuwendung zu einem Du als eine Form der Nachfolge Christi. Sie hatten keine Angst, sich ihre Zuneigung zu gestehen, sie zu gestalten und zu pflegen.

Über die Autorin

Sabine Bernhardine Spitzlei, geboren 1960. Theologische, germanistische u. juristische Studien in Freiburg, Wien u. Köln (Mag. theol. u. phil. / Staatsexamen), promoviert in Dogmatischer Theologie an der Universität Freiburg. Diverse Publikationen zur Frauenmystik im Mittelalter. Referentinnentätigkeit in der kath. Erwachsenenbildung u. freie Mitarbeit beim Rundfunk.

Liebesbriefe hinter Klostermauern

Zeugnisse geistlicher Freundschaft

*Herausgegeben, eingeleitet
und zum Teil neu übersetzt
von Sabine B. Spitzlei*

Herder Taschenbuch Verlag

Originalausgabe
erstmals veröffentlicht als Herder-Taschenbuch

Buchumschlag: Werner Bleyer

Umschlagbild: Buchmalerei, Zürich um 1310–1340.
– Der von Obernburg (Mitte 13. Jh.) überreicht kniend seiner
Dame ein Lied. – Pergament.
Aus: Große Heidelberger Liederhandschrift (Codex Manesse).
Heidelberg, Universitätsbibliothek, Cod. Pal. Germ. 848 fol. 342 v.
Foto: Archiv für Kunst und Geschichte, Berlin

Alle Rechte vorbehalten – Printed in Germany
© Verlag Herder Freiburg im Breisgau 1990
Herder Freiburg · Basel · Wien
Herstellung: Freiburger Graphische Betriebe 1990
ISBN 3-451-08699-9

ALLEN FREUNDEN

Inhalt

Ein Wort voraus 9

ÜBER DIE FREUNDSCHAFT 11

Freundschaft und Ehe 12
   Körperliche und geistige Liebe 13
   Sexualität und Freundschaft 15
   Eros und Freundschaft 15
   Die Tugend des Eros 16

Ehelos leben 18
   Priesterliches Zölibat und Ordensleben 19
   Ehelosigkeit gleich Einsamkeit? 20
   Ehelosigkeit um des Himmelreichs willen 22
   „Schwangere" Ehelose 24

Geistliche Freundschaft 25
   Die „heilige" Freundschaft 25
   Freundschaft – ein Sakrament? 26
   Freundschaft und Kirche 28

LIEBESBRIEFE HINTER
KLOSTERMAUERN 31

Jordan von Sachsen und Diana von Andaló
Einleitung 36
Briefe 45

Abaelard und Heloise
Einleitung 62
Briefe 73

Teresa von Ávila und Jerónimo Gracián

Einleitung 98
Briefe 109

Bernhard von Clairvaux und die Zisterzienser

Einleitung 126
Texte 133

Thérèse von Lisieux und Céline Martin

Einleitung 148
Briefe 156

Liebesbriefe hinter Klostermauern des ausgehenden zwanzigsten Jahrhunderts

Einleitung 174
Briefe 175

ANSTELLE EINES NACHWORTES
„Küß mich mit dem Kuß deines Mundes"
Zu einer Theologie des Kusses 183

Literaturangaben 188

Ein Wort voraus

Dieses Buch ist im Hinblick auf die Auswahl, die Einleitungen, die Übersetzungen, die Abhandlung „Über die Freundschaft" sowie die Reflexionen zu einer Theologie des Kusses in permanenter Zusammenarbeit mit dem argentinischen Dominikaner P. Andrés E. Bejas entstanden. Insoweit Teile des Buches unter beider Namen im Rundfunk zu hören waren oder bereits abgedruckt wurden, habe ich das an entsprechender Stelle vermerkt.

Sabine Bernhardine Spitzlei

Über die Freundschaft

> „Nicht auf menschlichen ‚Monaden', sondern auf ‚Dyaden' beruht die Geistigkeit. Nicht isoliert (verheiratet oder nicht verheiratet), sondern als vereinigte Paare sollen die zwei, die männlichen und weiblichen Teile der Natur, zu Gott aufsteigen."
>
> *Pierre Teilhard de Chardin*

Freundschaft umfaßt ein weites Spektrum unterschiedlichster Beziehungen, denen eines gemeinsam ist: die Liebe. Diese Liebe verwirklicht sich in einer gegenseitigen Hingabe, die die innere und äußere Einheit der Freunde bewirkt. Die beiden werden zu einer Wirklichkeit gemeinsamen Lebens und Wirkens, welche sich in einzigartigen Erlebnissen und Gefühlen entfaltet.

Die Freundschaft als innere und äußere Vereinigung zweier Freunde bedeutet nun nicht, daß sich der eine im anderen verliert. Keiner von beiden gibt seine Identität preis. Zwar verschmelzen wesentliche Bereiche des Ich's und des Du's miteinander, jedoch nur, um Raum zu schaffen für die eine jede Freundschaft bestimmenden Gemeinsamkeiten. Aber auch das Gemeinsame ist nicht das letztbestimmende Merkmal der Freundschaft, lebt sie doch auch von Ergänzung und gegenseitiger Bereicherung. Demzufolge ist ein Freund unverzichtbar, um ein gewisses Maß an Vollkommenheit zu erreichen.

Wie alles Irdische, so ist auch die Freundschaft den Grenzen von Raum und Zeit unterworfen, auch wenn sie sie – paradoxerweise – sprengt. Je näher nämlich die Freunde innerlich auf einander zugehen, desto weiter überschreiten sie ihre eigenen Grenzen, um dem „anderen" zu begegnen. So verstanden ist die Freundschaft eine wechselseitige Hingabe, die in ständiger Vertiefung in das Innerste der Freunde führt.

In diesem Buch geht es um eine bestimmte Art der Freundschaft: die geistliche Freundschaft. Wie in jeder Form von Freundschaft, so ist auch ihr Wesensmerkmal die Liebe. Von daher stellt sie hohe Anforderungen hinsichtlich ihrer Verwirklichung, was aber nicht dazu verleiten darf, ihr Maß an den menschlichen Schwächen zu nehmen, sondern an der Hochform ihrer Erfüllung. Daß die geistliche Freundschaft gelingen kann, zeigen die verschiedenen Freundschaften, die sich in den ausgewählten „Liebesbriefen hinter Klostermauern" widerspiegeln.

Freundschaft und Ehe

Eine oft unbewußte Verwechslung zwischen Freundschaft und Ehe bzw. eheähnlicher Beziehung hat bewirkt, daß die Freundschaft in vielen Bereichen an Bedeutung verloren hat. In der deutschen Sprache beispielsweise, und in der letzten Zeit auch in anderen europäischen Sprachen, hat die Bezeichnung Freund oder Freundin weitgehendst die von Verlobte und Verlobter ersetzt. Freund/in ist auch der Partner, mit dem man das Leben in jeder Hinsicht teilt. Die europäische Gesellschaft fängt sogar allmählich an, diese Entwicklung wie selbstverständlich in ihre Gebräuche zu übernehmen und solche „Freunde" wie Eheleute zu behandeln. Diese sprachliche und tatsächliche Verwechslung wird dem Phänomen der Freundschaft nicht gerecht. Zwischen Ehe und Freundschaft bestehen wesentliche Differenzen, die unübersehbar sind.

Die Ehegemeinschaft gründet in der gegenseitigen Liebe und Hingabe der Partner und zielt auf die Erfüllung dieser Liebe und auf die Weitergabe des Lebens, allerdings nicht ausschließlich im biologischen Sinn. Die Ehegemeinschaft verwirklicht sich in einer Familie, wo die Ehepartner unter einem Dach wohnen und Liebe, Tisch und Bett teilen. Sicherlich, in diesem Bereich mag es Ausnahmen geben, die jedoch auf schwerwiegende Gründe zurückzuführen sein müssen, um die Gemeinschaft der Ehepartner nicht zu zerstören.

In die Ehe gehört auch die Form der Liebe, der wir in einer geistlichen Freundschaft begegnen, gibt es doch keine echte Ehegemeinschaft, ohne daß die Partner geistlich-freundschaftlich miteinander verbunden sind.

Im Gegensatz zu der Ehegemeinschaft entfaltet sich die Freundschaft, und insbesondere die geistliche Freundschaft, in einem Spiel zwischen Herzenseinheit und räumlicher Distanz. Dabei beinhaltet die Einheit der Herzen nicht nur eine gefühlsmäßige Affinität oder Ähnlichkeit, sondern nach der Definition von Marcus Tullius Cicero „die mit Wohlwollen und Liebe gepaarte Übereinstimmung in der Auffassung göttlicher und menschlicher Dinge" (De amicitia, 20). Daß die geistliche Freundschaft wesentlich durch die Verbundenheit in Gott bestimmt ist, wird unten ausführlich behandelt.

Körperliche und geistige Liebe

Wenn die Liebe die Vereinigung zweier Menschen ist, die sich gegenseitig hingeben, dann verwirklicht sie sich am vollkommensten in der Ehe. In ihr erlebt man sowohl die geistigseelische als auch die körperliche Vereinigung, was ihr den Charakter der „Ganzheitlichkeit" gibt. Die geistige Verbundenheit und die körperliche Vereinigung haben unabhängig voneinander zwar einen je eigenen Stellenwert, im Menschen sind sie jedoch eine untrennbare Einheit. Sie verhalten sich zueinander wie Inhalt und Ausdruck.

Die körperliche Vereinigung ist der räumlich und zeitlich bedingte Ausdruck der Liebe. Sie hat einen Zeichencharakter bezüglich der geistigen Liebe, welche den Grund und das Fundament aller menschlichen Liebe darstellt. Die körperliche Liebe bekommt von daher eine unschätzbare Bedeutung, daß sie eine Äußerung der in der Seele vorhandenen liebenden Einheit ist. Die geistige Liebe ihrerseits ist hinsichtlich ihrer Ausdrucksmöglichkeiten durch den Körper bedingt, im Kern ist sie jedoch nicht von den leiblichen Äußerungen und damit auch nicht von Raum und Zeit abhängig. Die geistige Liebe ist unendliche Berührung, die sich im Innersten des Menschen abspielt und die Liebenden zur vollkommenen Einheit führt.

Die leibliche Liebe verlangt nach körperlicher Nähe und nach Entfaltung in der Zeit. Letzteres ist jedoch keine unverzichtbare Bedingung der geistigen Liebe; sie überwindet jede Entfernung und überdauert jede zeitliche Bestimmung. Menschen, die innerlich verbunden sind und sich geistig lieben, können ihre Liebe zwar körperlich oder sprachlich zum Ausdruck bringen, sie bewegen sich jedoch primär in einem Bereich, der von den inneren geistigen Gemeinsamkeiten bestimmt ist. Ein Beispiel dafür sind die Menschen, die durch eine tief im Herzen verankerte Freundschaft verbunden sind, deren Zusammensein aber nur in einem Abstand von vielen Monaten oder sogar Jahren möglich ist. Einer solchen Freundschaft ist das Beieinandersein versagt, trotzdem bleibt die innere Verbundenheit lebendig. Treffen sich diese Freunde nach langer Zeit wieder, so stellen sie fest, daß die Vertrautheit und die innere Bindung nie verlorengegangen sind. Die Freundschaft ist so stark und intensiv wie eh und je. So führte etwa Jordan von Sachsen ein unruhiges Wanderleben, das ihn weg von Diana von Andaló durch ganz Europa bis nach Vorderasien trieb, was ihre geistliche Verbundenheit aber nicht trüben konnte.

Auch wenn man in der Wirklichkeit immer wieder auf Freundschaften stößt, die sich räumlich und zeitlich überhaupt nicht entfalten können, so sind sie doch die Ausnahme. Freundschaft läßt sich generell nicht den Spielregeln der menschlichen Seele und des sozialen Beziehungsgeflechtes entziehen. Wie alle anderen menschlichen Beziehungen braucht die Freundschaft Nähe und Austausch. Sie besitzt die Charakteristika der geistigen Liebe und bringt sie ständig zum Ausdruck in Gesten, Blicken, Zeichen der Zuneigung und Zärtlichkeit, in gemeinsam verbrachter Zeit und gemeinsam bewältigten Aufgaben, in denselben Zielen sowie geteilter Verantwortung.

Sexualität und Freundschaft

Worauf die Freundschaft im Gegensatz zur Ehegemeinschaft verzichtet, ist die sexuelle Vereinigung. Dies bedeutet allerdings nicht, daß die „Sexualität" als solche ausgeklammert wird, sondern lediglich ein Teilbereich der sexuellen Kommunikation in Form der körperlichen Vereinigung.

Jeder Mensch ist als Frau oder Mann sowohl leiblich als auch seelisch durch sein Geschlecht geprägt. Die Geschlechtlichkeit oder Sexualität ist ein „proprium" des Menschen, d. h. sie gehört seinsmäßig zu seiner Natur. Die Ausklammerung der Sexualität aus der Freundschaft beruht auf einem Mißverständnis, nämlich auf der Verwechslung der Sexualität als Naturbestimmung eines Menschen – Frau oder Mann – mit der Genitalität, also der körperlichen geschlechtlichen Bestimmung durch männliche oder weibliche Geschlechtsorgane, sowie aller Handlungen, die direkt oder indirekt auf genitalen Genuß oder Vereinigung zielen.

Die Freundschaft ist nicht geschlechtsbezogen, aber auch keine sexualitätslose oder sexuell neutrale Beziehung. Das ist der Grund dafür, daß beide, die zweigeschlechtliche Freundschaft wie auch die Freundschaft zwischen gleichgeschlechtlichen Partnern, anders gestaltet werden und andere Entfaltungsmöglichkeiten kennen.

Eros und Freundschaft

Damit rückt ein heikles Thema ins Blickfeld. Der Eros als reine ‚Erotik' interpretiert – was im normalen Sprachgebrauch oft nichts anderes heißt als bloße Erregung und uferlose Leidenschaft – wurde mißdeutet, ängstlich behandelt und schließlich als Weg zur Gotteserkenntnis geächtet. Dabei ist der Eros als der platonische Mittler zwischen dem Sinnlichen und dem Schönen, Wahren und Guten eine Leiter zum christlichen Gottesverständnis. Gott ist die unbedingte Hingabe, die in dem Gottmenschen Jesus Christus unüberbietbar Wirklichkeit wurde, was wir als die Sinnspitze des

Eros verstehen können. Eros wäre dann vorbehaltlose Hingabe, ja Liebe. Ungeachtet dessen wurde der Eros mißverstanden als zügellose Leidenschaft; er wurde zum „Fleisch" degradiert und somit als Feind des Geistes hingestellt. Zum Eros gehört in diesem verfälschenden Gedankennetz ein weites Spektrum von Trieben und Gefühlen, jedoch nicht die Gottesbegeisterung, die Sehnsucht nach dem Vollkommenen und die innere geistliche Verbundenheit der Freunde.

Die Verbundenheit mit Gott und die menschliche Verbundenheit scheinen in unserem heutigen Verständnis und unserer Erfahrung von Eros als Liebe nicht mehr enthalten zu sein. Die Sehnsucht nach der Einheit scheint nur im Körper ihren Höhepunkt zu haben, und Gott hat dort angeblich keinen Platz. Er ist in diesem elementar menschlichen Bereich zum Schweigen verurteilt.

Eros als reiner Lustmechanismus dargestellt, kann kein Weg zur Erfahrung der freundschaftlich-menschlichen und göttlichen Vereinigung sein. Im Folgenden soll ein anderes Verständnis von Eros zugrundegelegt werden, nämlich der Eros als ein Antrieb, eine Sprache, die zur inneren geistigen Vereinigung mit Gott und mit den Freunden führt. Dies haben viele Christen weitestgehend verlernt, und das Problem liegt nicht in einer angeblichen Körperfeindlichkeit der kirchlichen Erziehung oder gar der Theologie. Zum Problem ist vielmehr geworden, sich mit Gott und mit konkreten Menschen, Freunden, in einem richtig verstandenen Eros zu vereinigen. Dementsprechend können wir weder einem liebenden Gott noch einem richtigen Freund Raum in unserem Herzen schaffen.

Die Tugend des Eros

Der erotischen Dimension unseres Daseins hält kein Zweifel stand, es geht jedoch darum, dieser Dimension eine Richtung zu geben, damit sie nicht verdrängt und niedergeschlagen, sondern vielmehr zu einem Weg zu Gott und zu den uns geistig verbundenen Freunden wird. Angst vor dem zärtlichen

Blick, dem glühenden Herzen oder dem liebenden Wort kann keine Tugend sein. Angst ist und bleibt Angst, Tugend dagegen – und dieser angeblich altmodische Ausdruck für eine Werthaltung wird hier ganz bewußt gebraucht, da mit dem Verlust des Wortes auch ein Verlust an Handlungsorientierung einherzugehen scheint – ist die Fähigkeit, mit einer bestimmten Neigung so umzugehen, daß sie zum Guten gereicht. Die Tugenden sind immer positive, dynamische Kräfte, die helfen, bestimmte Handlungen durchzuführen. Dieselbe Kraft kann aber auch zum Bösen hingerichtet sein und so wird diese Kraft und Fähigkeit zu einem Laster.

Der Eros kann als eine Anziehungskraft verstanden werden, und zwar als eine der elementarsten Ausdrucksformen der menschlichen Natur. Als Teil unserer Natur kann diese Kraft folglich nicht einfach ausgelöscht werden. Der Eros gehört zum Menschen genauso wie Körper, Verstand oder Wille. Der Versuch, diesen Teil der menschlichen Natur einfach abzuschneiden (und wie oft ist dies nicht schon passiert!), kann zerstörerische Folgen haben. Wichtig ist, daß alle Menschen (und Bischöfe, Priester, Ordensfrauen und -männer sind auch Menschen!) die erotische Prägung ihrer Natur annehmen und zur Reife bringen, denn man kann kaum von einem Baum reife Früchte ernten oder herrliche Blüten pflücken, wenn er im Zustand des Sprossens gehalten oder bis auf die Wurzeln abgeschnitten wird.

Die Bedeutung des Eros für die gesunde Entwicklung der Psyche ist nicht einfach zu begreifen und noch schwieriger zu gestalten. Wer von Kindesbeinen an immer nur von der Gefährlichkeit des Eros gehört hat und bewußt oder unbewußt den Eros als etwas Schlechtes oder Negatives eingestuft hat, der hat einen langen Weg vor sich, um mit seiner eigenen Natur zurecht zu kommen. Wer aber demgegenüber gelernt hat, alle seine Kräfte in den Dienst der Liebe zu Gott, zu sich selbst und zu den Menschen zu stellen, wer also die Angst vor dem Eros überwunden hat und die Signale des Körpers und des Herzens hört, um diese innere Kraft in eine richtige, erfüllende Bahn zu lenken, der ist in der Lage, den ungeahnten

Reichtum der Vereinigung mit Gott in der geistlichen Freundschaft zu begreifen. Sie ist keine Einschränkung oder Ablehnung der Natur, sondern ihre Erfüllung.

Die Sprache und die Bilder der erotischen Liebe sind wegen ihres Analogiecharakters bei vielen Mystikern sehr beliebt, die die Beziehung zwischen Gott und Mensch in einer bräutlich-erotischen Sprache eingefangen haben.

Einen sprachlich kühnen Versuch, Erotik und Liebe in ihrer analogischen Dimension zu verwenden, findet sich schon im Mittelalter, und zwar – aber nicht nur, denn es sind auch bedeutende Zeugnisse männlicher zisterziensischer Liebesmystik überliefert – in der weiblichen Mystik. Für die Liebe zwischen Gott und der Seele wird eine Sprache gewählt, die sich erotischer und hochzeitlicher Bilder bedient. Die Vereinigung von Gott und Seele hat ihr Vorspiel in Spiel und Tanz, worin sich der menschliche Partner seiner Kleider, in die er wie in Laster gehüllt ist, entledigt, um sich in völliger Nacktheit tugendhaft rein im Bett der Liebe seinem göttlichen Partner hinzugeben und dessen Hingabe zu empfangen. Dies hat nicht zuletzt seinen biblischen Ursprung im Hohenlied, wo die Geliebte durch die tiefe Sehnsucht nach dem Geliebten hinausgetrieben wird über Felder und Wiesen, bis sie ihn in der mütterlichen Kammer umfängt, um ihn wieder zu verlieren.

Ehelos lieben

Die Ehe ist nicht die einzige Möglichkeit, zwischenmenschliche und zweigeschlechtliche Liebe zu erfahren und weiterzugeben. Auch wenn die Freundschaft den sexuell-genitalen Bereich der Liebesäußerung ausschließt, so kann sie in vielerlei Hinsicht ebenso, wenn auch anders, fruchtbar sein wie die Ehe.

Alle Menschen, und besonders die, welche um des Himmelreiches willen ehelos leben (Mt 19, 12) (was nicht heißt, Ehepartner lebten ihre Ehe nicht gleichfalls um des Himmelreichs willen!), haben eine konkrete Berufung zur Liebe. Die Hingabe an ein Du ist eine Aufgabe, die allen Menschen ins Herz gelegt wurde und auf die sie nicht verzichten können. Jeder Mensch ist dazu aufgerufen, das Leben in radikaler Weise in der und für die Liebe zu gestalten.

Diesbezüglich stellt sich die Frage, ob es nicht ein Widerspruch sei, sein Leben einerseits für die Liebe hinzugeben, andererseits jedoch auf die konkrete und der Natur entsprechendste Art der Liebe zu verzichten, nämlich auf die ganzheitliche Liebe von Mann und Frau in der Ehegemeinschaft. Nun ist es einfach eine Tatsache, daß immer wieder Menschen in diesen Verzicht einwilligen. Die primäre Frage müßte also lauten: Warum verzichten bestimmte Frauen und Männer auf die natürliche Entfaltung der Liebe in der ehelichen Partnerschaft?

Priesterliches Zölibat und Ordensleben

Auf der Suche nach einer ehrlichen Antwort auf diese Frage scheint es notwendig, eine realistische und, ist man selbst davon betroffen, nicht weniger selbstkritische Haltung einzunehmen. Blickt man in die katholische theologische Landschaft, wie sie sich dem Betrachter derzeit zeigt, so stößt man nicht nur auf theologisch reflektierte Begründungen, die den Stand der Ehelosigkeit verteidigen und unterstützen. Vielmehr entdeckt man, daß die Kirche im Laufe ihrer jahrhundertelangen Tradition eine Vielfalt geschichtlicher, sozialer und rechtlicher Aspekte so ausgelegt und internalisiert hat, daß viele Menschen, insofern sie sich zum Priester berufen fühlten, oft „in Freiheit gezwungen" waren, den Stand der Ehelosigkeit zur eigenen Lebensform zu machen.

Es geht hier nicht darum, theologische oder kirchenrechtliche Entwicklungen zu erörtern, es ist aber allgemein bekannt, daß das priesterliche Zölibat – auch wenn dies nicht die einzige Möglichkeit ehelosen Lebens in der Kirche ist – eine ‚organisatorische' bzw. ‚disziplinäre' Maßnahme der Kirche ist und als solche im Westen erst im 12. Jahrhundert kirchenrechtliche Gültigkeit erlangte. Im Osten wurde auf der 2. Trullanischen Synode (692) verbindlich festgelegt – was Rom für die Orientalen, aber auch für die unierten Kirchen, anerkannte –, daß Priester, Diakone und Subdiakone ihre vor der Weihe geschlossene Ehe fortsetzen, ja, ihre Frau nicht verstoßen oder unter dem Vorwand der Frömmigkeit ihre Ehe auflösen durften, es sei denn, ein Priester wurde zum Bischof geweiht. (Die Ehe ging dann in beiderseitigem Einvernehmen auseinander, und die Frau mußte in ein entferntes Kloster eintreten.) Im Westen erklärte Innozenz II. die heiligen Weihen 1139 zu einem trennenden Ehehindernis, was durch die verschiedensten Phasen der Auseinandersetzungen um das Pflichtzölibat hindurch bis heute gilt. Seit dem II. Vatikanum kann lediglich das Amt des Diakons ohne Verpflichtung zur Ehelosigkeit übertragen werden.

All dies entstammt allerdings der kirchlichen Gewohnheit. Selbst die Apostel und später Christen vieler Jahrhunderte haben Ehegemeinschaft und Priestertum auf hervorragende Weise verbinden können. Seit den Ursprüngen der Kirche haben sich jedoch besonders ernsthafte Christen zu coinobitischen (gemeinschaftlichen) oder eremitischen (einsiedlerischen) Lebensformen entschieden, die alle den Stempel des freiwilligen Verzichts auf die Lebensgemeinschaft von Mann und Frau trugen. Diese Lebenswege sowie die spätere Entwicklung des Bildes vom Priester als eines Mannes, der ehelos leben sollte, wurden ebenfalls jahrhundertelang von der Tradition getragen und sind als eine Lebensalternative nicht von geringerem Wert.

Ehelosigkeit gleich Einsamkeit?

In der heutigen Struktur der Kirche muß man leider oft zwischen Theorie und Praxis unterscheiden. Eine bestimmte häufig anzutreffende Praxis der Ehelosigkeit gründet zumeist nicht auf positiven theologischen Einsichten, sondern ist durch eine Verkrustung der Persönlichkeit bedingt. Sie will einen Zustand der menschlichen Unreife oder Liebesunfähigkeit mit der Fassade eines scheinbar theologischen Gerüsts stützen. Ehelosigkeit bedeutet nicht unbedingt Einsamkeit in dem Sinne, daß für Ehelose kein menschliches Du existiert. Eine erzwungene Einsamkeit (die manchmal unter Priestern und Ordensleuten zu finden ist) kann bedauernswerte Folgen haben.

Es gibt viele Menschen, Männer und Frauen, die auf Grund ihrer Erziehung oder negativer Erfahrungen – und der dadurch ausgelösten Gefühle und Verletzungen – derart verunsichert werden, daß sie beginnen, sich von anderen abzukapseln und sich in sich selbst zu verschließen. Die Sehnsucht des Herzens nach einem Du verwandelt sich in eine Flucht vor jeglicher innerer, gefühlsmäßiger Spannung, um somit eine gewisse „Ataraxie des Herzens" oder totale Spannungslosigkeit der menschlichen Gefühle zu erreichen. Sie sind davon überzeugt, daß eine andere innere Haltung zur Untreue gegenüber Gott und ihrer Berufung führen würde. So verstärkt sich die Ichbezogenheit und die Flucht-Einsamkeit, um jeden angeblichen Treuebruch zu vermeiden. Dafür nehmen sie aber in Kauf, daß die Seele tief verwundet wird, und schließlich lernen sie, als Verwundete zu leben.

Die Versuchung, sich in einer falschen Einsamkeit des Herzens zu verstecken, ist sehr gefährlich. Die Flucht-Einsamkeit entwickelt sich ganz unauffällig und kann sogar den Anschein der Tugendhaftigkeit haben. Diese „Tugend" wird dann als erstrebenswertes Ziel dargestellt, und damit ist das affektive Potential des Menschen, das ihn natürlicherweise zum Anderen hinwendet, gänzlich auf den Kopf gestellt. Biblisch gesprochen: man reißt sich das Herz aus Fleisch aus der Brust und ersetzt es durch ein Herz aus Stein (Ez 11, 19–20).

Im vermeintlichen Glauben, sich der Verletzbarkeit des Herzens entziehen zu können, erzieht man es zu Härte und Blutlosigkeit. Die Angst vor der schmerzenden Wunde treibt dazu, das Herz mit einer undurchdringlichen Hülle zu umschließen, mit der Folge, daß es sich weder äußern noch weiten kann.

Diese beinahe „heroische" Haltung entfernt sich aber merklich vom Vorbild der Liebe Jesu Christi, der sich nicht scheute, um seinen Freund Lazarus in der Öffentlichkeit zu weinen und die Liebe für die Seinen bei jeder Gelegenheit zu zeigen. Ein liebendes Herz nämlich (und jeder Mensch hat ein liebendes Herz, weil er ein Abbild des liebenden Gottes ist) ist äußerst sensibel und verletzbar.

Es wäre ein Mißverständnis, würden diese Überlegungen als Vorwurf verstanden. Die Herzenshärte ist keine Folge der Bosheit des Menschen, sondern oft das Ergebnis tiefer Enttäuschungen und unerfüllter bzw. unverarbeiteter Sehnsüchte. Wenn die Träume eines Menschen immer wieder niedergeschmettert werden, sein/ihr Vertrauen enttäuscht und seine/ihre Wünsche und affektiven Bedürfnisse ständigem Druck ausgesetzt sind, ist es eine beinahe logische Konsequenz, daß er/sie sich zurückzieht und eine immer stärkere Verteidigungsposition einnimmt.

Gewinnt diese Haltung Dauercharakter, so stirbt nach und nach die Sensibilität des Herzens und damit auch die Fähigkeit, sich mit Gott und den Menschen in Liebe zu vereinigen.

Ehelosigkeit um des Himmelreiches willen

Im Evangelium wird der Verzicht auf die Ehegemeinschaft positiv interpretiert, und zwar als ein möglicher Weg zum Himmelreich. Es ist jedoch nirgends die Rede von einem Verzicht auf Freundschaft oder Liebe. Im Gegenteil, das Reich Gottes, das bereits im Kommen ist (Mk 1,15), besteht gerade in der Verwirklichung der Liebe. Das erste und größte Gebot ist das Gebot der Liebe zu Gott und zu den Menschen (Mt 22,37–40), eine Liebe, die zweifelsohne einen universalen Charakter hat, die aber als solche nicht verwirklicht werden kann, wenn sie von der konkreten Liebe zum Du abgekoppelt ist. Der Psalmist bestätigt den glückbringenden Charakter der konkreten Liebe (Ps 133), und das bezeichnende Merkmal der Urgemeinde ist der liebevolle Umgang miteinander (Apg 2,44ff; 4,32ff u.a.).

Die Gesellschaft der achtziger Jahre unseres Jahrhunderts trägt die Folgen der „sexuellen Revolution", die nicht nur Tabus abbaute und die falsche Verdrängung der Geschlechtlichkeit aufdeckte. Die Sexualität wurde oft auf den Sexualverkehr um der reinen Lustbefriedigung willen reduziert, wodurch sie einer Sinnentleerung zum Opfer fiel. Die sexuelle Befreiung führte zu einer sexuellen Libertinage, die verlernte, zärtlich miteinander umzugehen, d. h. die Leiblichkeit einschließend und sich innerlich in Güte und Respekt berührend. Eine bestimmte kirchliche Spiritualität hingegen hat, oft aus Mangel an Unterscheidung, dazu geführt, die menschliche Liebe und einige ihrer Äußerungen, wie Zuneigung, Zärtlichkeit oder affektive Hinwendung, grundsätzlich als „verdächtig" anzusehen. Dies wiederum hat nach sich gezogen, daß viele Formen der Liebe und der Freundschaft verdrängt und konkrete Freundschafts- und Liebesbeziehungen versteckt werden.

Mit Freude kann man jedoch feststellen, daß unsere Kirche diesbezüglich eine tiefe Umbruchphase erlebt und neue Akzente setzt, was dahin führen kann und soll, christliches Leben „menschlicher" zu gestalten. Die Zukunft wird die genaueren Gründe dieses Umbruchs ans Licht bringen, es ist jedoch unübersehbar, daß diese Entwicklung weitgehendst auf die neue Stellung und Wertschätzung der Frau in Gesellschaft und Kirche zurückzuführen ist. Wenn die Frau vorwiegend als die „böse Verführerin" angesehen wird, dann hat sie es schwer, dem vorurteilslos zu begegnen. Und wenn die ehelose Frau von einer männlich geprägten Kirche mit diesem Prinzip im Hintergrund „erzogen" wird, kann sie sich dem Vorwurf, die böse Verführerin zu sein, nur entziehen, indem sie auf ihre Weiblichkeit verzichtet.

Die Richtigstellung der Affektivität als Grundlage einer erfüllten und richtigen Freundschafts- und Liebesbeziehung setzt voraus, daß die Stellung und die Würde der Frau und des Mannes ihren angemessenen Platz im Kontext der Kirche und der Gesellschaft haben, und zwar nicht nur in theoretischen und mehr oder weniger theologischen Verlautbarungen, sondern in der konkreten Praxis im Leben der Kirche. Mann und Frau, Mann und Mann, Frau und Frau können und dürfen Freunde sein und sich lieben, ohne ständig dem Verdacht ausgesetzt zu sein, es handle sich um eine „unreine" Beziehung.

„Schwangere" Ehelose

Die Freundschaft und die Liebe zwischen Ehelosen untereinander und mit anderen Menschen, die in einer Ehegemeinschaft leben, zielt nicht nur auf die Verwirklichung der eigenen Persönlichkeit – dies allein wäre eine durchaus egoistische Haltung – sondern hat, genau wie die Ehegemeinschaft, eine Berufung zur Fruchtbarkeit und zu einer über sich selbst hinausgehenden Aufgabe.

Dem hier entwickelten Prinzip entsprechend, ist der Verzicht auf die Ehegemeinschaft um des Himmelreiches willen die Bedingung der Möglichkeit, sich bestimmten Herausforderungen zu stellen. Die „Befreiung" von spezifisch ehelichen Aufgaben, wie die Gründung einer Familie und die Erziehung der Kinder, schafft den Entfaltungsraum für andere, auch schöpferische und lebensspendende Einsätze, die nicht innerhalb der Ehegemeinschaft, sondern in der freundschaftlichen Liebe verwirklicht werden können. Der Freund, der nicht gleichzeitig Ehepartner ist, hat andere Sorgen und geht mit dem Freund folglich ganz anders um als mit dem Ehepartner. Die Form der Gestaltung der Beziehung mit z. B. räumlicher Distanz sieht bei den Freunden ganz anders, d. h. aber nicht weniger fruchtbar aus, wie die in diesem Buch vorgestellten Freundschaften beweisen.

Hier geht es nicht darum, Vor- und Nachteile aufzuzeigen oder, wie noch vor einigen Jahren in der Kirche üblich, die ehelose Lebensform als die vollkommenere, und damit die erstrebenswertere, über die Ehe zu stellen. Wichtig ist jetzt nur die Feststellung, daß die Bereiche der Verwirklichung der Liebe zwischen Freunden sich in einer anderen Sphäre als der der Ehepartner bewegen.

Geistliche Freundschaft

Die bisherigen Überlegungen zur Freundschaft legen offen, daß es sich bei ihr um eine innere und äußere Beziehung bzw. Übereinstimmung handelt, die allen Menschen zugänglich ist. In diesem Buch jedoch geht es um eine ganz bestimmte Verwirklichungsweise der Freundschaft, nämlich um die „geistliche Freundschaft".

Die „heilige" Freundschaft

Bedauerlicherweise beruht die heutige Verwendung des Begriffes der geistlichen Freundschaft auf einer Verfälschung des ursprünglichen Sinnes. Wenn in kirchlich-klerikalen oder religiösen Kreisen von geistlicher Freundschaft gesprochen wird, ist damit oft nicht die positive Art der Gestaltung der Freundschaft zu Gott, der die Liebe ist, gemeint, sondern lediglich die Abgrenzung von einer Freundschaft, die sich körperlich oder sinnlich ausdrückt. Gegenüber stehen sich also „geistliche" und „körperliche" Freundschaft. Geistliche Freundschaft heißt demnach die Beziehung, die jede körperliche Nähe, innere Berührung und zärtliche Zuneigung ausschließt. Es soll also, überspitzt gesagt, vermieden werden, in dieser sogenannten geistlichen Freundschaft auch nur einen Hauch von „Sexualität" zu vermuten. Die Bezeichnung „geistliche Freundschaft" wird so zu einer Visitenkarte, die einer Grenzziehung zur Sexualität (s. o. „Sexualität und Freundschaft") gleichkommt und die garantiert, daß es sich hier nicht um eine unerlaubte und unreine Beziehung handelt. Der geistlichen Freundschaft haftet demzufolge der Flair einer „platonischen Liebe" an, die, aus welchem Grund auch immer, die Verwirklichung bestimmter seelischer und körperlicher Neigungen und Bedürfnisse verdrängt oder im besten Fall sublimiert.

Was heißt nun genauerhin geistliche Freundschaft? Geistliche Freundschaft heißt soviel wie „heilige Freundschaft", wobei unter heilig primär nicht das sittlich Untadelige zu verstehen ist. Lange genug wurde das Heilige nur negativ interpretiert und zwar als die bloße Abwesenheit von Sünde. Viele Christen denken heute noch, daß sie christlich leben, solange sie keine schweren Sünden zu beichten haben. Heilig meint aber etwas ganz anderes, durchaus *Positives*. Heilig ist die kreatürliche Realität, die ihren Ursprung in Gott hat. Heilig ist, was im Menschen und in der Welt zur Sphäre Gottes gehört und sich aus dieser Sphäre möglichst wenig entfernt, anders gesagt, in diese Sphäre zurückkehrt. Heilig ist, was Gott nahe steht, was von Gott durchdrungen ist, was mit ihm in einer gnadenhaften Einheit verbunden ist.

Wer von geistlicher Freundschaft spricht, der spricht von einer Freundschaft, die über das rein Menschliche hinausgeht und eingebettet ist in die Liebe der göttlichen Dreifaltigkeit. Die geistliche Freundschaft verwandelt sich so in eine Form der Teilhabe am göttlichen Leben, in ein Stück Himmel auf Erden, da in ihr himmlische Freude und Glück vorgelebt werden können.

Freundschaft – ein Sakrament?

Dieses Buch möchte sowohl Menschen erreichen, die in der ehelichen Gemeinschaft leben, als auch Menschen, die sich zur Ehelosigkeit in einer Ordensgemeinschaft oder in der Welt berufen fühlen, kurz, alle diejenigen, die bereit sind, eine erfüllte Freundschaft zu leben. Bei den ausgewählten Beispielen handelt es sich jedoch ausnahmslos um Ehelose, sieht man einmal von dem besonderen Fall einer Heloise und eines Abaelard ab, die schon vor ihrem Ordenseintritt durch das Sakrament der Ehe verbunden waren. Im Folgenden geht es darum, einige Grundstrukturen der geistlichen Freundschaft, die grundsätzlich für alle Menschen gelten, anhand der Freundschaft zwischen Ehelosen darzustellen.

Die geistlichen Freunde, auch wenn sie ehelos leben, haben nicht auf die Liebe verzichtet, ist doch Gott selber die Liebe. Sie bekennen sich vielmehr ausdrücklich zu dieser personalen Liebe, die einerseits einen universalen Charakter hat, sich andererseits aber in der Liebe zum konkreten Du verwirklicht. In der geistlichen Freundschaft zwischen Christen ist Jesus Christus die Mitte und der Höhepunkt, in dem sich die Freunde vereinigen. Christus ist das Ziel, nach dem sie sich sehnen, ein „noch nicht", auf das hin sich die Freunde ausstrecken. In der geistlichen Freundschaft erleben sie ganz konkret und gegenwärtig die Anwesenheit der Liebe und Geborgenheit, Gemeinsamkeit und gegenseitiger Hingabe. Charakteristisch bleibt aber stets die Sehnsucht und das Verlangen nach der letztendlichen ewigen Berührung in der Wirklichkeit des Reiches Gottes.

Die geistliche Freundschaft ist ein Zeichen und Sakrament dieses Reiches, sie läßt es schon auf dieser Erde ahnen, und im Erleben der Herzenseinheit wird es zum Teil verwirklicht.

Diese Verwirklichung steigert aber zugleich den Durst und den Hunger nach immer und immer mehr Einheit, bis wir alle in der absoluten Einheit mit und in Gott angelangt sind.

Die geistlichen Freunde sind demnach „von Beruf" sehnsüchtig Wartende. Sie besitzen noch nicht die Vollkommenheit ihres Verlangens, sie haben aber durch die Freundschaft eine Ahnung von dem, was auf sie wartet. Es besteht eine Art Dialog oder Austausch zwischen „schon" und „noch nicht". Weil die Freunde nur allmählich erfahren, was sie erwartet, vertiefen sich ihre Sehnsucht und ihr Verlangen nach der absoluten Vollkommenheit der gegenwärtig noch bruchstückhaften Erfahrungen immer mehr. Je tiefer sich Freunde vereinigen, desto sehnsüchtiger warten sie auf den Moment der absoluten Einheit in Jesus Christus.

Von Gott her betrachtet ist die geistliche Freundschaft ein Sakrament der Liebe Gottes zu den Menschen. Sakrament hat hier nicht die Bedeutung eines Symbols für eine Realität, die nur analogisch faßbar ist. In der geistlichen Freundschaft teilt sich Gott wirklich und wahrhaftig mit und gibt die schöpferische Kraft seines Wortes weiter. Als Sakrament ist die geistliche Freundschaft jedoch keine abgeschlossene, sondern eine dynamische Wirklichkeit, die den Liebenden immer weiter auf dem Weg zu Gott vorantreibt. Gerade deshalb wird von geistlichen Freunden ein hohes Maß an menschlicher und religiöser Reife verlangt. Sie tragen sakramentale Verantwortung, und zwar die Verantwortung, auf dieser Welt Spiegelbild des liebenden Gottes zu sein. Diese Reife und dieses Verantwortungsbewußtsein sind nicht automatisch zu erlangen, und um so weniger durch die bloße Erfüllung bestimmter Regeln oder Pflichten. Reife und Verantwortung setzen eine gründliche Auseinandersetzung mit dem eigenen Leben und mit der Aufgabe, zu deren Erfüllung jedermann aufgerufen ist, voraus.

Freundschaft und Kirche

Die Entwicklung einzelner Strömungen der Spiritualität innerhalb der katholischen Kirche hat die Freundschaft als solche und insbesondere die sogenannten „Partikularfreundschaften" abgelehnt oder zumindest in Mißkredit gebracht zugunsten einer falsch verstandenen „universalen" und „abstrakten" Liebe.

Die Freundschaft ist weder mit universaler Liebe noch mit der Liebe im Sinne des neuen Testaments (Agape) gleichzusetzen. Das Gebot der Liebe im Evangelium kann bzw. muß ohne die Freundschaft auskommen, wie könnte sonst das christliche Gebot der Feindesliebe überhaupt verstanden werden? Freundschaft aber kann sich nicht ohne die Liebe verwirklichen. Die Liebe ist in sich selbst umfassender, universaler als die Freundschaft; die Freundschaft aber ist immer eine spezielle Form der Liebe.

Im Namen einer „selbstgebastelten", d. h. einer nicht in der Bibel gründenden Spiritualität, wurde in den letzten Jahrhunderten oft die Existenz der Freundschaft als einer dem Menschen von Natur aus eigenen Möglichkeit und Fähigkeit, sich affektiv auszudrücken, in Frage gestellt. Mit den Bestrebungen, die Freundschaft als etwas für die geistliche Vollkommenheit Gefährliches hinzustellen, sowie mit der verborgenen oder ausdrücklichen Verurteilung und Verdammung der Freundschaft, wurde die Natur des Menschen unterdrückt.

Die psychischen Störungen als Folgen des allmählich fortschreitenden affektiven Selbstmordes waren (und sind) unabsehbar schrecklich: Einsamkeit, Verbitterung, Entfremdung, Alkoholismus, Homosexualität, Frauen- oder Männerfeindlichkeit, Depressionen, innere Unzufriedenheit, verschiedenste Arten von Neurosen.

Viele Ordensgemeinschaften fragen sich, warum sie vom Aussterben bedroht sind und warum junge Leute nicht mehr den „Mut" finden, sich für diese durch Jahrhunderte hindurch bewährte Lebensform zu entscheiden. Eine mögliche Antwort könnte auch in der Richtung gesucht werden: Die widernatürlichen Bestrebungen, die Freundschaft aus dem klösterlichen Leben zu verbannen, haben eine religiöse Lebensstruktur geschaffen, die sich nicht selten als „unzumutbar" für junge, religiös interessierte Menschen erweist. Es ist mit Sicherheit nicht falsch, die Gründe des Rückgangs des Nachwuchses von Priestern und Ordensgemeinschaften außerhalb der Klöster und Priesterseminare zu vermuten, in der Gesellschaft, den Schulen, den Familien oder wo auch immer. Es wäre aber nicht weniger richtig, die Gründe dieser Problematik bei den Betroffenen selbst zu suchen.

LIEBESBRIEFE HINTER
KLOSTERMAUERN

Obgleich es kirchlicherseits lange Zeit tabuisiert war – immer wieder hat es durch die Jahrhunderte der Kirchengeschichte hindurch Männer und Frauen gegeben, die sich für ein klösterliches Leben in Keuschheit und Gehorsam entschieden und für die der Verzicht auf die Ehegemeinschaft nicht gleichbedeutend war mit einem Verzicht auf zwischenmenschliche Liebe und Freundschaft, und zwar ausgehend von und einmündend in die Liebe zu Gott.

In der überwiegenden Mehrzahl tauchen diese Paare im Traditionsstrom unter. Von einigen jedoch sind uns, oft über Jahrhunderte hinweg, Briefe erhalten geblieben, die ein Stillschweigen brechen. Der direkte Nachfolger des hl. Dominikus, Jordan von Sachsen also, und die Frau seines Herzens, die Priorin Diana von Andaló, der große Theologe und Benediktiner des 12. Jahrhunderts, Petrus Abaelard, und die Frau seines Herzens, die gelehrte Äbtissin Heloise, die heilige Karmelitin und Kirchenlehrerin Teresa von Ávila und der Mann ihres Herzens, der junge Karmeliterpater Jerónimo Gracián, die hl. Thérèse von Lisieux und die Frau ihres Herzens, ihre Schwester Céline Martin, nicht zu vergessen die ganze Tradition der zisterziensischen Freundschafts- und Liebesschule – die Freundschaft und Liebe zwischen diesen Großen der Kirchengeschichte ein Tabu? Das darf einfach nicht sein, spinnen sich um die genannten Paare – und sie stehen für viele – doch große Liebesgeschichten, die je auf ihre Art von den Grundstrukturen der geistlichen Freundschaft erzählen.

Nicht nur die Lebensumstände, sondern vor allem die freie Entscheidung dieser „Liebenden" hat sie dazu geführt, eine bestimmte Gestaltung der Freundschaft anzustreben. Die

Parallelen und Gemeinsamkeiten dieser Freundschaftsbeziehungen sind erstaunlich.

In allen ist die Sehnsucht nach der Vereinigung spürbar, ob nun bei Thérèse von Lisieux, Teresa von Ávila oder Jordan von Sachsen, alle sehnen sich nach räumlicher Nähe, seelischem Austausch, Einheit der Herzen und dem Fruchtbarwerden ihrer Liebe in der Verwirklichung einer gemeinsamen Aufgabe. Alle begleiten den jeweiligen Partner auf dessen Weg zu Gott und fühlen sich vom Freund bedingungslos begleitet. Die innere Verbundenheit wird nie in Zweifel gezogen, und sie ist die Kraft, die sie belebt und dazu befähigt, ihren Weg auf die Vereinigung mit Gott und mit den Menschen auszurichten. Angst besteht nur davor, daß „die anderen" diese ihre freundschaftliche Liebe falsch interpretieren könnten; untereinander herrscht jedoch kein Anflug von Angst, sich ihre Liebe zu gestehen, sie zu gestalten und zu pflegen.

Keiner fühlt sich von Gott entfernt, weil sie oder er sich zu einem konkreten Menschen hingezogen fühlt; im Gegenteil, die Erfahrung der menschlichen Liebe ist wie ein Sprungbrett oder ein Weg, der unmittelbar in Gott einmündet. Die Verschmelzung der Sehnsucht nach dem konkreten Du mit der Sehnsucht nach Gott wird in den Briefen sehr oft zum Ausdruck gebracht und wird aus der Tatsache heraus verständlich, daß es sich um eine „inkarnierte" Liebe handelt. Auf diese Weise wird die konkrete Verwirklichung der Liebe auch zu einer Form der Nachfolge Christi. Die Liebe zum konkreten Du verwandelt sich so in eine Weiterführung der Menschwerdung Christi, der als Zeichen der Liebe des Vaters Mensch geworden ist, nicht um die „Menschheit" durch die Liebe zu erlösen, sondern jeden einzelnen konkreten Menschen. Gott liebt uns nicht als einen Teil eines universalen menschlichen Gebildes, sondern als Personen, als Individuen mit einem konkreten und einzigartigen Charakter.

Der/die Leser/in wird in der Auswahl dieses Buches einige bekannte Liebespaare vermissen: Franziskus von Assisi und die hl. Klara, Heinrich von Nördlingen und Margarete Ebner, Heinrich Seuse und Elisabeth Stagl, Franz von Sales und Johanna Maria von Chantal, Charles de Foucauld und Madame von Bondy, Pierre Teilhard de Chardin und Marguerite Teilhard-Chambon und viele andere.

Der Grund dafür liegt darin, daß sich diese Textsammlung zum einen auf vorliegende Briefwechsel stützen wollte (von Franziskus und Klara z. B. sind keine Briefe überliefert), zum andern zielt die Auswahl auf Zeugnisse, in denen die „Kunst der geistlichen Freundschaft" paradigmatisch zum Leuchten kommt. Es ist nicht beabsichtigt zu erklären, sondern die Heiligen und großen Frauen und Männer der Kirchengeschichte sollen selber zu Wort kommen. Nichts von dem, was hier steht, entspringt bloßen Vermutungen, geschichtlichen Hypothesen, Interpretationen oder zweifelhaften Legenden. Alles steht schwarz auf weiß auf den Briefbögen und kann weder als nicht vorhanden deklariert noch umformuliert werden. Man kann darüber diskutieren, wie dies oder jenes gemeint ist, daß es aber genauso geschrieben steht, kann nicht in Frage gestellt werden.

Noch eine letzte Erklärung: die Freundschaft ist weder an das Geschlecht noch an den Stand gebunden. Bei der Mehrzahl der hier vorgestellten Paare handelt es sich um zweigeschlechtliche Beziehungen. Deshalb wurde, um dem geistlichen und nicht dem geschlechtsspezifischen Charakter der Freundschaft gerecht zu werden, das Kapitel mit dem Briefwechsel zwischen Thérèse von Lisieux und ihrer Schwester Céline sowie das mit den Zeugnissen zisterziensischer Freundschaften, wo es hauptsächlich um Freundschaften zwischen Männern in Männerklöstern geht, eingefügt.

*Jordan von Sachsen
und Diana von Andaló*

EINLEITUNG [1]

Paris 1210 – ein reges intellektuelles Treiben herrscht in der Hauptstadt der Wissenschaften in Europa. Schon im 12. Jahrhundert hatten sich die Pariser Schulen mit Meistern wie Petrus Lombardus, den Viktorinern oder Abaelard zunehmender Beliebtheit erfreut, als aber 1200 durch den Zusammenschluß der beiden Kathedralschulen die Universität von Paris entstand, nahm das dortige geistige Leben an Ruhm und Ansehen noch zu.

In diesem Zentrum wissenschaftlicher Studien begegnet man in jenem Jahr unter den jüngeren Studenten der sieben „Freien Künste" auch einem jungen Deutschen aus dem Grafengeschlecht von Eberstein, der um 1185 im westfälischen Borgentreich bei Paderborn das Licht der Welt erblickt hatte: Jordan von Sachsen. Da es im deutschen Sprachgebiet damals keine Universität gab und er die Freien Künste sowie die Philosophie studieren wollte, um dann das Studium der Theologie aufzunehmen, war Jordan nach Paris gekommen. Zeitgenössischen Berichten zufolge war er ein geistig hochbegabter junger Mann. Jordan wurde Baccalaureus der Theologie, Magister artium und gleichzeitig Subdiakon. Eine akademische Laufbahn als Kleriker schien sich anzubahnen – der junge Deutsche aber entschied sich anders. Auf ihn wartete eine Aufgabe, in der sich sowohl seine geistige Begabung als auch sein ungewöhnlich gewinnendes Naturell entfalten sollten.

1219 traf er mit dem hl. Dominikus zusammen, dessen

---

[1] Die folgenden Ausführungen sind Teil einer Rundfunksendung beim Südwestfunk vom 5.3.1989: P. Andrés E. Bejas / Sabine B. Spitzlei: Geistliche Freundschaften – Liebesbriefe hinter Klostermauern (1): Jordan von Sachsen und Diana von Adnaló. Zuerst abgedruckt: P. Andrés E. Bejas / Sabine B. Spitzlei: Dominikanische Gestalten. Jordan von Sachsen und Diana von Andaló. In: Wort und Antwort 29 (1988), S. 138–142.

Predigten ihn auf eine Lebensweise und ein Wirkungsfeld aufmerksam machten, derer die Kirche in zweierlei Hinsicht bedurfte. Zum einen wegen des verschwenderischen und moralisch anfechtbaren Lebenswandels so mancher Kleriker, worunter die Glaubwürdigkeit der Amtskirche litt, zum anderen wegen der Bedrohung der christlichen Lehre durch den häretischen Charakter einiger religiöser Armutsbewegungen, wie zum Beispiel der Albigenser oder Waldenser. Dominikus warb um Männer, die seine Idee eines Ordens in der Welt, der in der Nachfolge der Apostel in Armut und Wanderpredigt den Ketzergemeinschaften entgegenwirkte, mitverwirklichten.

Ein Jahr nach dem ersten Kennenlernen des Werkes des Gründers des Predigerordens trat Jordan am 12. Februar 1220 in den damals erst aufkeimenden Orden ein. Schon 1221 berief ihn Dominikus auf dem Generalkapitel in Bologna, wo Jordan selbst nicht anwesend war, zum Provinzial der Ordensprovinz Lombardei. Aus dieser Zeit werden die ersten Begegnungen mit der späteren Priorin von St. Agnes herrühren, die uns aus den überlieferten Briefen Jordans als „liebste Diana" bekannt wurde: Diana von Andaló.

Diana selbst versuchte damals zusammen mit anderen adeligen Frauen Bolognas die Gründung eines Frauenklosters, was vom Heiligen Dominikus entschieden unterstützt, aber erst unter der Führung Jordans Wirklichkeit wurde.

Noch im selben Jahr starb Dominikus, und am 22. Mai 1222 wurde Jordan einstimmig zum 2. Ordensgeneral gewählt. In der Bezeichnung Jordans als des „zweiten Gründers des Ordens" steckt ein gehöriger Funken Wahrheit. Als Dominikus starb, zählte der Predigerorden kaum 30 Klöster und nur wenige hundert Mitglieder. Beim Tode Jordans am 13. 2. 1235 hatte sich die Zahl mehr als verzehnfacht. Überall in Europa, aber auch in Asien und Afrika, von Irland bis nach Jerusalem, ja selbst in Rußland gab es insgesamt etwa 300 Klöster mit einigen Tausend Brüdern und Schwestern.

Jordans Leben war nun ein Wanderleben, das ihn trotz häufiger Krankheiten und eines Augenleidens hin und her durch Europa führte. In Frankreich, Italien, Deutschland und England besuchte er die Klöster seines Ordens. Wie oft er in Bologna weilte, ist dem Briefwechsel mit Diana nicht zu entnehmen. Aber nicht nur das alljährliche Ordenskapitel zu Paris oder zu Bologna ließ ihn immer wieder in die Nähe Dianas kommen, Bologna gehörte auch in die Reihe der Universitäten, an denen er bevorzugt predigte, um die akademische Jugend für den Orden zu gewinnen, wie Padua, Vercelli, Paris oder Oxford.

„Liebesbriefe hinter Klostermauern" – Jordan jedenfalls lebte offensichtlich nicht hinter Mauern, sondern sein Einsatz für Gott und die Menschen trieb ihn hinaus in die Weite der Welt – eine Haltung, die übrigens bis in die heutige Zeit die Tradition und den Stil dominikanischen Lebens geprägt hat. Daß auch Diana, die in Klausur in St. Agnes in Bologna ihr Leben verbrachte, wie Jordan die Grenzen von Raum und Zeit übersprang, davon zeugt der Briefwechsel dieses Liebespaares. Wenn man in den Briefen natürlicherweise auch immer wieder auf die Sehnsucht nach des anderen Nähe, nach seiner wahrhaftigen Anwesenheit stößt, so verrät dies, daß die Liebe zwischen Menschen, die einen geistlichen Weg gewählt haben, nicht im Wehen des Windes verfliegt oder „blutarm" ist, sondern durchaus den ganzen Menschen meint. Das Glück der Beziehung erfüllt beide, Jordan und Diana. Daß die Verwirklichung einer solchen Verbindung anders aussieht als die Vereinigung und das Fruchtbarwerden einer Liebe im Strukturrahmen der Ehe, dafür ist gerade die Beziehung zwischen Jordan und Diana ein in der Geschichte der Liebe einzigartiges Zeugnis: Jordans unermüdlicher Einsatz erst führte den Predigerorden zu seiner weltgeschichtlichen Bedeutung und Dianas Eifer für eine neue Form weiblichen Gemeinschaftslebens im Bannkreis derselben dominikanischen Bewegung sind bestaunenswerte Früchte am Baum liebenden Einswerdens.

Diana von Andaló – noch ist die Neugierde hinsichtlich der Frage „Wer war diese Frau?" nicht gestillt.

Wenn wir sagen, Diana war eine leidenschaftliche Frau, so

fangen wir damit so manche Schattierung ihrer Persönlichkeit ein. Leidenschaftlich in ihrem Streben nach einem auf Christus konzentrierten Leben. Leidenschaftlich auch in ihrem Widerstand gegen des Vaters Bestrebungen, sie in den Stand der Ehe zu führen. Leidenschaftlich in ihrem Wunsch, ein Frauenkloster im dominikanischen Geiste in Bologna einzurichten. Leidenschaftlich, ja, häufig ungesund streng auf ihrem spirituellen Weg, was Jordan nicht müßig wird zu kritisieren. Zuletzt leidenschaftlich in ihrer Hingabe an die Liebe, welche sie in ihrem Herzen für Jordan von Sachsen hegte. Vielleicht mag es in heutigen Ohren ungewohnt klingen, aber diese Leidenschaft wird besonders deutlich in der Radikalität, mit der die liebende Frau und der liebende Mann ihr Hineinsinken an das Herz des anderen verbinden mit einer Aufgabe, für die sie die Liebe zueinander hinschenken. Auch wenn sich der Vorwurf der Sublimation nun lauthals dazwischendrängt, so mag als Antwort erneut ein Blick auf die Früchte dieser doppelten Hingabe genügen.

Diana selbst entstammte der Adelsfamilie von Andaló, einem alten und reichen Geschlecht Bolognas. Mit den Predigerbrüdern war Diana schon zusammengekommen, bevor sie 1219 in Bologna dem hl. Dominikus begegnete. Der Chronik von St. Agnes aus dem 13. Jahrhundert zufolge, hatte sie sich schon 1218 dafür eingesetzt, daß ihr Vater den Dominikanern Grundstücke für die Entstehung eines Konventes überließ. Die Predigten Reginalds von Orléans ließen den Wunsch in ihr stärker werden, eine gemessen an ihrer reichen Umgebung alternative Lebensform zu wählen. 1219 also legte sie in die Hände von Dominikus ihre Gelübde ab, allerdings ohne ihre familiäre Umgebung zu verlassen. Dominikus selbst unterstützte entschieden die Stiftung einer weiblichen Klostergemeinschaft, hegten doch noch andere adelige Frauen Bolognas den Wunsch nach einer derartigen Gründung. Was die Verwirklichung dieses Vorhabens jedoch noch hinderte, war der Widerstand seitens Dianas Familie. Zweimal floh sie aus dem elterlichen Schloß in das nahe bei Bologna liegende Kloster Ronzano. Beim ersten Mal holte man sie mit Gewalt zurück, was Diana mit dem Bruch zweier Rippen bezahlte, beim zweiten Mal, am 1. November 1222 – Dominikus war inzwischen gestorben –, streckte der Vater die Waffen.

Der ehemalige Provinzial der Lombardei und jetzige Ordensgeneral Jordan von Sachsen führte Diana und vier Gefährtinnen in der Oktav nach Christi Himmelfahrt in den neuerrichteten Konvent, worauf am 29. Juni 1223 die Einkleidung folgte.

Aus den Jahren 1223 bis zu Jordans Tod 1237 – er ertrank vor der syrischen Küste auf dem Rückweg von einer Visitation der Konvente im Heiligen Land bei einem Sturm, der das Schiff zum Sinken brachte – stammt der Briefwechsel mit Diana von Andaló, der nicht einfachhin eine „Episode im Leben Jordans" (so H. Ch. Scheeben in seiner Biographie: Jordan der Sachse. Vechta 1937, S. 31) markiert, sondern ein Zeugnis für den ganz konkreten, liebenden Schlag seines Herzens ist.

Jordans Briefe an Diana

In dem weiten Zeitraum des Mittelalters begegnen uns nicht viele Gestalten wie Jordan von Sachsen, der sich neben seiner ausfüllenden Aufgabe als Ordensgeneral noch Zeit nahm für einen umfangreichen privaten Schriftverkehr. In 37 von insgesamt 56 erhaltenen Briefen eröffnet sich dem Leser der Blick auf ein Zeugnis sehnsüchtigen Liebesverlangens und freundschaftlichen Mitfühlens sowie liebevoll ratenden Begleitens auf dem eingeschlagenen religiösen Weg, worin sich auch Grundzüge der späterhin so tief entfalteten dominikanischen Mystik verraten. Berthold Altaner war es, dessen Forschungen wir seit 1925 die erste und einzige wissenschaftliche Ausgabe und chronologische Ordnung aller 56 Briefe verdanken. Vier der 56 Briefe gingen nach Deutschland in die Hände einer Nonne im Kanonissenstift Oeren bei Trier; zwei weitere erhielten Mitbrüder von Jordan in der Lombardei und in Paris. 50 Briefe schrieb Jordan in das Dominikanerinnenkloster St. Agnes in Bologna. Über 37 dieser Briefe konnte sich seine geistliche Freundin Diana von Andaló freuen, da Jordan diese Briefe speziell an sie adressiert hatte.

Der Briefwechsel mit Diana verrät, daß Jordan von Sachsen eine besonders innige Beziehung mit dem Kloster St. Agnes in Bologna pflegte, sind doch einzelne Briefe an alle Schwestern gerichtet. Als durch die Konstitution des Generalkapitels in Bologna von 1228 den Dominikanern untersagt wurde, weitere Frauenkonvente in ihre Seelsorge einzubeziehen, bekräftigte Jordan gegenüber Diana, daß dies nicht für St. Agnes gelte. Hier und da ist ein Brief an Diana zum Vorlesen im Kreise der Schwestern bestimmt. Damit verfolgte Jordan die Absicht, möglichst viele Schwestern mit seinen Ermahnungen im spirituellen Leben zu erreichen. Aber das sind Ausnahmen, die überwiegende Zahl der Briefe ist ganz persönlich an Diana gerichtet.

Es gibt kurze, aus dem organisatorischen Schaffen heraus rasch zu Papier gebrachte Briefe, oft nur als Zeichen der Sehnsucht gedacht, aber auch lange und ausführliche Briefe, in denen sich Jordan nicht nur als der sehnsuchtsvolle Freund, sondern auch als der geistliche Begleiter und Wegführer zeigt. Wenn wir auch den Schreiben Jordans häufige Bezugnahme auf Dianas Briefe entnehmen können, so bleibt uns eine Begegnung mit Diana in von ihr selbst niedergeschriebenen Briefen versagt. Hier klafft eine schmerzliche Lücke in der Überlieferung.

Jordans Briefe an Diana sind ein einzigartiges Beispiel für die geistliche Freundschaft zwischen Ordensleuten, die sich tief im Herzen verbunden wissen und deren Liebe in Gott verankert ist.

Beide tragen für den anderen Verantwortung. Jordan wird nicht müde, Diana ihre Sorgen zu nehmen, die sich in ihr wie Berge auftürmen, wenn sie von seiner angeschlagenen Gesundheit hört. Auch er selbst kommt nicht umhin, sich um Dianas Wohlergehen zu sorgen. Immer wieder ermahnt er sie, in ihren asketischen Übungen maßvoll zu sein. Alles, was der körperlichen und geistigen Gesundheit Diana schaden könnte, möchte er aus ihrem Leben verbannt wissen.

Das Gefühl der Verantwortung füreinander wird besonders deutlich in der Weise, wie sie sich in ihren jeweiligen Aufgaben innerhalb des Predigerordens begleiteten und unterstützten. Wie Diana Jordan in seinem unschätzbaren Einsatz als General des eben erst gegründeten Dominikanerordens begleitete, ob und was sie ihm riet, bleibt ein Geheimnis im Strom der christlichen Tradition. Jordan nimmt jedenfalls immer wieder Bezug auf seine Predigttätigkeit, auf die Erfolge, die der junge Orden hinsichtlich der Anzahl von Ordenseintritten verbuchen kann, und bezieht Diana in diese Aufgabe ein, indem er sie und ihre Schwestern in St. Agnes um ihr Gebet bittet.

In Anwendung der klassischen Unterscheidung des geistlichen Lebens in vita activa und vita contemplativa wirkten die beiden Freunde am Aufbau desselben Ordens mit, Diana im Gebet und Jordan in Wort und Tat.

Daß auch Dianas ganz persönliche Zuneigung und Liebe Jordan in seinem itineranten Leben für Gott und die Menschen unterstützt hat, ihm Kraft und Ruhe geschenkt hat, soll hier nicht angezweifelt werden. Aber nicht nur Ruhe. Besonders Dianas religiöser Eifer und die damit zusammenhängenden harten asketischen Übungen bürdeten Jordan auch Sorgen auf, da er sie vor Umwegen auf dem gemeinsamen Weg zu Gott bewahren wollte. Hier zeigt sich der Geliebe als der Freund, der sich seine Rose vertraut gemacht hat und jetzt auch Verantwortung für sie übernimmt. Und bei diesen Überlegungen ging es Jordan nicht allein um Diana, sondern um die Korrektur einer in der Askese zu Übertreibungen neigenden Spiritualität, die im Mittelalter besonders in den weiblichen Klöstern anzutreffen war und mit der später auch Meister Eckhart und Heinrich Seuse zu tun haben sollten. Deshalb bemüht sich Jordan darum, daß Diana die Schwestern im Sinne seiner Ratschläge zum Maßhalten anhält.

Auf diese Art und Weise wurde die gegenseitige Liebe Jordans und Dianas fruchtbar in der Lebensgestaltung der Gemeinschaft von St. Agnes sowie für den gesamten Orden.

Wie sich zwei Heilige lieben, mit welcher Sehnsucht sie nacheinander verlangen, aus welchem liebenden Erkennen und mit welchem Verantwortungsbewußtsein füreinander und für ihre jeweiligen Aufgaben sie ihre Freundschaft gestalten, mit welcher Tiefe und Offenheit sie diese Liebe leben, wird bei der Lektüre dieser Briefe deutlich spürbar.

Die hier vorgelegten 18 Briefe wurden aus dem gesamten Briefkorpus ausgewählt, neu übersetzt und geordnet, wobei keine chronologische, sondern eine thematische Ordnung gewählt wurde[2]. Die römischen Zahlen verweisen auf den Versuch innerhalb der textkritischen Erforschung der Briefe Jordans von Sachsen, sie chronologisch zu ordnen. Jeder der Briefe hat, entsprechend des im Mittelalter üblichen Stils und Aufbauschemas, eine lange und immer ähnliche Begrüßungs- und Schlußformel. Um störende Wiederholungen zu vermeiden, haben wir auf diese Formeln verzichtet und die Briefe im Anschluß an die Begrüßung beginnen lassen, sowie die Schlußformeln häufig durch ein „Leb wohl – Dein Jordan" ersetzt. Als beispielhafte Einleitungs- und Schlußformel dienen die zwei folgenden Ausschnitte:

„Bruder Jordan aus dem Predigerorden grüßt die Frau Diana in der Ehrfurcht, die ein Vater gegenüber seiner Tochter hegt, als Bruder grüßt er die Schwester in der Gemeinschaft der Kinder Gottes (Röm 8,15), er grüßt sie in der Liebe des Heiligen Geistes zur Geliebten und in der Glaubensvereinigung mit der Gefährtin. Sie möge von der gegenwärtigen Betrübnis befreit werden und die ewige Freude genießen."

„Grüße Deine Mitschwestern, die, entsprechend der Mahnung unseres hl. Vaters Augustinus, unermüdlich versuchen sollen, die Gebote Gottes zu erkennen, sie zu lieben und tatkräftig zu erfüllen; alles Falsche, das sie an sich entdecken,

---

[2] Textgrundlage ist die textkritische Ausgabe von B. Altaner; vgl. Literaturangaben.

sollen sie bessern und an dem festhalten, was richtig ist, alles Ungehörige ablegen, das Schöne pflegen und das Gesunde bewahren, stärken, was schwach ist, und alles standhaft behüten, was Deinem Bräutigam gefällt, dem Sohn Gottes, der gepriesen ist von Ewigkeit zu Ewigkeit. Amen"

Die Überschriften der Briefe stehen nicht im lateinischen Original. Sie wurden dem Sinnzusammenhang der Texte entnommen, um das Verständnis der jeweiligen Briefthematik zu erleichtern.

BRIEFE

„Die Sprache der Liebe"

... Liebste, weil ich Dich nicht so oft, wie ich und Du es uns wünschen würden, von Angesicht zu Angesicht sehen und mich Dir anvertrauen kann, so kann ich die Sehnsucht meines Herzens doch einigermaßen stillen, wenn ich Dich brieflich besuche und Dir von meinem Befinden schreibe. Ebenso möchte ich auch von Dir wissen, wie es Dir geht, denn Dein Vorankommen und Dein Wohlergehen bereiten mir große Freude.

Nun, Du mußt mit der Ungewißheit leben, in welche Erdteile es mich verschlagen wird – und wenn Du es wüßtest, so verfügtest Du doch über keine geeigneten Boten, durch die Du mir Fragen zulassen kommen könntest. Es kommt auch wenig darauf an, Geliebte, was wir einander schreiben; tief im Herzen brennt die Liebe im Herrn, in der Du zu mir und ich zu Dir rede in ununterbrochener Liebesbewegung, die keine Sprache ausdrücken und kein Buchstabe festhalten kann.

Diana, armselig ist das gegenwärtige Leben, das wir zu führen haben. Wenn wir uns lieben, so kann auch diese Liebe nicht ohne Schmerz und Bedrängnis sein. Denn wenn Du darunter leidest, daß Du mich einfach nicht ständig sehen kannst, so gräme auch ich mich, daß mir deine Gegenwart so selten vergönnt ist.

Wer führt uns in „die befestigte Stadt" (Ps 60,11), in die „Stadt des großen Königs" (Ps 48,1), die er selbst gegründet hat (Ps 87,1) und wo weder Er uns noch wir uns gegenseitig kränken werden? Hier werden wir täglich zerfleischt und wird das Innerste unseres Herzens zerrissen; und gerade wegen unserer Erbärmlichkeit rufen wir tagtäglich „Wer wird mich aus diesem dem Tod verfallenen Leib erretten?" (Röm

7,24) Wir müssen all dies jedoch geduldig ertragen und, soweit dies die Sorgen des Alltags zulassen, unseren Geist ganz auf den richten, der uns „aus der Bedrängnis" herausführen kann (Ps 25,17), in dem wir Ruhe und außer dem wir nichts als Trübsal und Leiden finden.

Inzwischen laß uns freudig annehmen, was uns Trauriges widerfährt. Denn entsprechend des Maßes, mit dem wir unsere Trübsal gemessen und IHM zugeteilt haben, wird auch uns die Freude zugeteilt werden (Mt 7,2), die uns der Sohn Gottes Jesus Christus eingießt ...

Bete für mich, was Du, wie ich wohl weiß, sowieso tust; grüße mir die Priorin, Galiana, grüße draußen eine jede unserer Freundinnen, ganz besonders die aus Deiner Familie, wenn sie zu Dir kommen sollten. Empfiehl mich ihrem Gebet. Lebe wohl ... Dein Jordan[3].

„GLÜHENDE LIEBE"

... Liebste, obgleich ich beim Schreiben in größter Eile war, habe ich versucht, Dir einige wenige Zeilen zukommen zu lassen, um Dein Wohlwollen nur ein wenig zu gewinnen. So sehr bist Du dem Innersten meines Herzens eingeprägt, daß ich Dich noch weniger vergessen kann, sondern vielmehr desto mehr an Dich denke, wenn ich weiß, daß Du mich ohne jede Verstellung und mit der ganzen Glut Deines Herzens liebst. Denn die Liebe, die Du für mich empfindest, entzündet meine Liebe zu Dir um so inbrünstiger und ergreift meinen Geist um so heftiger.

Ich muß diesen Brief hier zu einem Ende bringen, der Geist der Wahrheit jedoch möge Dein Herz erfüllen und trösten und er möge uns schenken, im himmlischen Jerusalem ohne Ende vereinigt zu sein ...

Lebewohl, Liebste, und bete oft für mich zum Herrn, weil ich es nötig habe wegen all meiner Fehler. Ich bete selten,

---

[3] XIII, vermutlich geschrieben in Paris um Pfingsten 1236.

weshalb Du auch Deine Schwestern um ihr Gebet bitten magst[4].

„Trennung auf Zeit"

... Ich weiß, daß Du Dich hinsichtlich meines Befindens sorgst, so wie auch ich mich um Dich sorge. Deshalb will ich Dir kurz mitteilen, wie es um mich steht. Körperlich bin ich durch Gottes Güte wohlauf... Nimm es nicht so schwer, Liebste, daß Du mich nicht beständig leibhaftig bei Dir hast, denn geistig bin ich in innigster Liebe immer bei Dir. Es verwundert mich jedoch nicht, daß Du niedergeschlagen bist, wenn ich nicht da bin, da auch ich nicht umhin kann, ob Deiner Abwesenheit nicht bedrückt zu sein. Ich tröste mich aber damit, daß diese Trennung nicht ewig dauern wird. Bald wird sie ein Ende haben, bald werden wir uns ohne Ende sehen bei Jesus Christus, dem Sohne Gottes, „der gepriesen ist in Ewigkeit" (2 Kor 11,31).

Grüße die Priorin und alle Schwestern, meine teuren Töchter, besonders die Novizin Galiana. Betet für mich[5].

„Wer liebt mehr?"

... Es ist meine feste Überzeugung, daß ich nicht entsprechend auf Deine Liebe antworte, denn Du liebst mehr, als Du von mir geliebt wirst. Ich wünsche mir jedoch nicht, daß Du durch diese Liebe, die mir so wohltut, körperlich angegriffen oder seelisch niedergedrückt wirst. Ich höre nämlich, daß Du wegen meiner Krankheit allzu niedergeschlagen und aufgewühlt bist, und ebenso alle Deine Schwestern. Euer Gebet ist aber zum Herrn gedrungen (Ps 88, 3), und er hat sich meiner erbarmt und meine Lebensfrist verlängert oder mir vielmehr Zeit geschenkt, Buße zu tun.

Am Fest des Hl. Laurentius habe ich, wenn auch noch

---

[4] XII, zwischen 1223 und 1236.
[5] XIV, geschrieben aus einer Stadt Oberitaliens im Sommer 1229.

recht schwach, auf Rat des Arztes Verona verlassen, und bei Trient war ich schon so bei Kräften, daß ich an Mariae Himmelfahrt vor dem Volk und am drauffolgenden Tag vor dem Klerus predigen konnte.

Ich sorge mich um Dein und Deiner Schwestern Wohlergehen und möchte wissen, „was ergibt sich nun, wenn wir das alles bedenken" (Röm 8,31). Du aber, Liebste, blicke zum Himmel auf und vertraue dem Herrn (Dan 13,35). Was für Beschwernisse Dich auch belasten, welche Mühen auch auf Dir liegen, Gott ist mitten unter Euch (Mt 18,20), weshalb Ihr Euch nicht entmutigen lassen sollt. Diesen Brief schreibe ich bei Trient einen Tag nach Mariä Himmelfahrt[6].

„Liebe mit Mass"

... Liebste, obgleich ich Dich nicht so oft wie Du und auch ich es uns wünschen würden, leiblich sehen und mich Dir anvertrauen kann, so kommt die Sehnsucht meines Herzens doch ein wenig zur Ruhe, wenn ich brieflich bei Dir sein und Dir mein Befinden mitteilen kann. Auch ich würde gerne öfters erfahren, wie es Dir geht, weil mir Dein und der Schwestern geistliches Vorankommen Freude bereitet.

Ich hätte Dir schon längst geschrieben, wenn ich nicht mangels eines Boten am Abschicken gehindert worden wäre. Vor Weihnachten bin ich von einer fünfzehntägigen Reise wohlbehalten im Pariser Konvent gelandet, wo ich auch jetzt noch bin, predige und auf das Erbarmen des Herrn harre. Ich wünsche mir Deiner und der Schwestern inständiges Gebet, daß Gott uns erhöre, unsere Zahl vermehre und die Herzen der Pariser Studenten milde und wirksam anrühre.

Der Bote ist in Eile, weshalb ich Dir ein anderes Mal ausführlicher schreibe. Nur dies eine nimm Dir zu Herzen: habe, wozu ich Dich und die anderen schon oft ermahnt habe, vor allem acht auf Dich selber, damit Du nicht aus geistiger oder körperlicher Erschöpfung den Folgen der Unbe-

---

[6] XXXIII, 1227.

herrschtheit erliegst, wie da sind: das körperliche Unvermögen zu guten Werken, der Verlust der geistigen Spannkraft, die Unfähigkeit, dem Nächsten mit gutem Beispiel voranzugehen sowie Gott zu ehren. Irgendwann wirst Du das noch selber erleben.

Gegenüber Deinen Schwestern möchte ich, daß Du sehr aufmerksam und fürsorglich bist, denn die körperliche Abtötung hat nur wenig Nutzen, und im Wachen, Fasten und Weinen wird die Tugend des Maßhaltens leicht außer acht gelassen. Erbarmen, Güte, Demut, Milde und Geduld (Kol 3,12) sind jedoch Tugenden, die nicht ins Maßlose wachsen. Deshalb mahne ich Euch: „Werdet darin noch vollkommener" (1 Thess 4,1), denn ich vertraue darauf, daß Ihr „an allem reich seid" (2 Kor 8,7). Aber in diesem Leben ist nichts so vollkommen, daß es nicht noch vollkommener sein könnte, bis wir dort ankommen, wo es keinen Mangel mehr gibt und jeder eine solche Vollkommenheit erlangt, daß er gänzlich erfüllt ist, und wo alle Fülle aus Gott sein wird, ja, Gott gelobt und gepriesen wird, der da „herrscht über alles und in allem" (1 Kor 15,28)[7].

„Verbrannte Flügel"

... Liebste, Du weißt zu gut, daß wir, solange wir in dieser Welt leben, unter mancherlei Mangel leiden und noch nicht jene Unermüdlichkeit erlangen, die uns künftig verliehen wird.

Darin liegt begründet, daß wir uns nicht gleichmütig zeigen gegenüber allem, was um uns herum geschieht, sondern uns zuweilen durch Glücksfälle zu weit emporschwingen oder uns durch Unglücksfälle zu sehr hinunterziehen lassen.

Wir müssen uns jedoch schon hier dem ersehnten künftigen Leben anzugleichen versuchen. Damit wir unsere Herzen ganz auf die Kraft Gottes einstellen, müssen wir soviel wie möglich danach trachten, all unsere Hoffnung, Ver-

---

[7] XXXIX, geschrieben zu Paris vor Weihnachten 1227.

trauen und Kraft auf den Herrn zu setzen. Nur so werden wir Gott nachahmen können, der selbst beständig in sich unveränderlich und ruhig bleibt. Er ist nämlich die sichere Zufluchtstätte, die immer besteht und bei der ein jeder, je intensiver er Ihn sucht, desto sicherer bleiben kann. Deshalb konnten die Heiligen, die so große Hoffnung auf den Herrn setzten, alle Widerwärtigkeiten, welche ihnen in diesem Leben zustießen, so gering achten.

Geliebte, flüchte Dich daher mehr und mehr zum Herrn. Was auch immer Dich an Schwerem ereilt, kann Dich nicht umwerfen, solange Du im Grunde Deines Herzens fest bleibst. Präge dies wiederholt Deinem Herzen ein und rate es auch Deinen Schwestern. Dir zum Trost erzähle ich noch rasch, daß mir kürzlich von Dir träumte. Mir schien, Du sprachest zu mir, und das auf ganz reale Weise, worüber ich mich noch jetzt freue, wenn ich mich daran erinnere. Du redetest so: Der Herr sprach zu mir Folgendes: Ich Diana, ich Diana, ich Diana, und setzte wiederholt hinzu: ich bin gut, ich bin gut, ich bin gut. Du mußt wissen, daß mich dies wirklich tröstet[8].

„Einheit der Herzen"

... Weil mein Herz mit Deinem Herzen eins ist im Herrn, deshalb wünsche ich, daß es Dir ebenso gut geht wie mir. Nun ist Dein Anteil in mir aber soviel vorzüglicher, daß ich lieber selber eine Sorge auf mich nähme, als daß ich es ertrüge, sie würde Dich belasten. Deshalb sei immer bestrebt, Liebste, voranzuschreiten, Gott zu lieben und ihm innerlich anzugehören, denn Gott nahe zu sein ist Dein Glück. Auf ihn setze Dein Vertrauen (Ps 73, 28) und sage ihm: „Meine Seele hängt an dir" (Ps 63, 9).

Im übrigen, sei inzwischen guten Mutes, weil ich – so Gott will – Dich, die ich im Geiste nicht aufhöre zu sehen, bald von Angesicht zu Angesicht sehen werde. Lebe wohl, grüße

---

[8] IX, geschrieben zwischen 1223 und 1226.

die Schwestern und bitte sie, daß sie unterdessen für uns beten. Wenn Du es für gut erachtest, die Tochter der Lambertina bei Dir aufzunehmen, so hast Du meine Erlaubnis. Alles, was Du diesbezüglich tust, ist mir recht ...

Grüße mir alle, die ich liebe und die mich lieben, besonders diejenigen, die Du als die mir Vertrauteren kennst. Bologna ist unter allen Städten der Lombardei, Toscanas, Frankreichs, Englands, der Provence und fast auch Deutschlands gleichsam das bevorzugte und liebste Juwel meines Herzens. Die Gnade Jesu Christi wohne in Deinem Herzen – Dein Jordan[9]

„DASSELBE ZIEL"

... Seit ich kürzlich von Dir ging, ist Gott uns immer wohlgesinnt gewesen. Ich glaube, daß Du über die, die in Reggio eingetreten sind, schon zur Genüge unterrichtet bist. Danke Gott für sie. Nun schreibe ich Dir von Vercelli aus, wo ich mich aufhalte und wo wir einen Novizen aufnehmen konnten. Ich hoffe, daß wir, so Gott will, bald mehrere haben werden.

Bruder Heinrich von jenseits der Berge (H. von Marsberg) ist schwer krank; sehr empfehle ich ihn Deinem und der Schwestern Gebet, denn wir fürchten, ihn ganz zu verlieren.

Im übrigen, Liebste, „wirf deine Sorge auf den Herrn" (Ps 55,23), sei zuversichtlich und lerne, alles, was die Wechselhaftigkeit der Welt Dir an Mißlichem bringt, in Ihm zu überwinden. Sorge Dich nicht um mich, denn ich hoffe, daß derselbe, in dessen Hut Du in Bologna zurückgeblieben bist, auch mich behüten wird, wenn ich auf Pilgerreisen bin. Bleibst Du auch in Deiner Ruhe und Abgeschiedenheit und führe ich ein bewegtes Wanderleben, so tun wir doch alles nur aus Liebe zu ihm. Denn Er allein, der uns in dieser zeitli-

---

[9] V, geschrieben aus einer Stadt in Oberitalien zwischen März und April 1233.

chen Verbannung gleichmäßig führt und leitet, ist unser Ziel ...

Lebewohl, grüße alle meine Töchter, besonders die Priorin, Galiana, Jordana und Julata, und empfiehl uns ihren Gebeten. Es grüßt Dich und sie innig – Dein Jordan [10]

„Vertrauen ins Gebet"

... Obwohl ich Dich nicht einmal durch meine Briefe trösten kann, was ich mir doch so sehr wünsche, so hoffe ich wenigstens, daß der Geist Gottes, der die Schwachen tröstet, auch Dir seinen Trost spendet. Denn sein Trost ist lauter und rein und erfüllt uns mit der Wahrheit, weil er „der Geist der Wahrheit" (Joh 15,26) heißt und ist. Zu ihm wende Dich, und während meiner Abwesenheit warte geduldig auf mich in ihm. Dich und die Schwestern vertraue ich ganz seinem Schutz an.

Ich bitte Euch, für die Herzen der Geistlichen zum Herrn zu flehen; Er möge sie innerlich erschüttern und zu sich hinziehen, zu ihrem eigenen Heil, zur Ehre Gottes und der Kirche und, insofern sie dazu geeignet sind, zur Bereicherung unseres Ordens. Denn fast alle sind innerlich schrecklich kalt, und ich habe bisher nicht mehr als einen für uns gewinnen können. So müssen sie das Feuer, das sie nicht in sich selbst tragen, von außen bekommen. – Dein Jordan [11]

„Ganz in seinen Händen"

... Es gefällt mir nicht an Dir, daß Du, wie ich gehört habe, über meine Krankheit so ängstlich bekümmert bist als würdest Du Dir wünschen, daß ich aus der Zahl der Kinder Gottes ausgeschlossen und mir das Leiden unseres Erlösers Jesu Christi nicht zuteil würde. Weißt Du denn nicht, daß Gott jeden, den er als Sohn annimmt, schlägt? Willst Du etwa nicht,

---

[10] IV, geschrieben in Vercelli im Sommer 1233.
[11] XIX, zwischen 1224 und 1232.

daß Gott mich in die Schar seiner Kinder aufnimmt (Hebr 12,6)? Wenn Du willst, daß ich ins Himmelreich komme, mußt Du auch damit einverstanden sein, daß ich den Weg gehe, der dorthin führt, und dieser Weg ist mit viel Leiden übersät.

Würde mich diese Krankheit ins Unglück treiben, so wäre es mir sicherlich recht, daß Du schwer daran zu tragen hättest, aber wenn sie mir zu meinem Wohl und Verdienst gereicht, dann möchte ich nicht, Liebste, daß Du Dich über mein Heil erregst. Wenn Du mich also trösten und die Ursache meiner Betrübnis tilgen willst, dann überwinde Deine geistige Traurigkeit und sei unbekümmert. Empfiehl mich nur dem Herrn und bitte ihn, daß all das, was ich mir an zukünftiger Strafe eingehandelt habe, sich in seiner Gnade zum Besseren wandle. Jeder gute und sanftmütige Künstler nämlich weiß, welcher Läuterung sein Werk bedarf. Und darum müssen wir uns in allem seinem Willen fügen und unsere Wege in seine Hände legen ...

Lebe wohl, grüße meine Töchter und tröste sie. Es grüßt Dich und sie von Herzen – Dein Jordan [12]

„LIEBENDES MAHNEN"

... Du schriebst mir einmal, daß Du noch nicht aus frohem Herzen sterben und in das Haus Deines Vaters, in dem es viele Wohnungen gibt (Joh 14,2), kommen könntest, weil das Kloster der Hl. Agnes noch nicht entsprechend unserer Regel eingerichtet und gefestigt sei. Nun aber wünschst Du Dir, mit mehr Ruhe „aufzubrechen und bei Christus zu sein" (Phil 1,23).

Natürlich möchte ich, daß Du Dich aus innerstem Herzen danach sehnst. Was ich jedoch nicht will, ist, daß Du unter unmäßiger Zerknirschung und unvernünftiger körperlicher Abtötung dorthin hastest, wie bei Salomon steht: „Schon un-

---

[12] III, geschrieben aus Mailand in der Zeit von Sommer bis Winter 1233.

vernünftige Begierde ist nicht gut, und wer hastig rennt, tritt fehl." (Spr 19, 2)

Ich ermahne Dich also, nicht so zu hetzen, daß Du in eben diesen Fehler verfällst. Denn „lauft so (vernünftig), daß ihr den Siegespreis gewinnt" (1 Kor 9, 24), sagt der Apostel. Gott möge uns gnädig an sich ziehen, daß wir befähigt werden, mit mehr Wohlwollen und Anmut „dem Duft seiner Salben" zu folgen (Hld 1, 3). Er möge uns „nach seinem Ratschluß führen und am Ende aufnehmen in Herrlichkeit" (Ps 72, 24); dann werden auch wir mit ihm offenbar werden in Herrlichkeit durch Jesus Christus.

Das Mädchen, über das ich mit Dir gesprochen hatte, schicke ich zur Dir. Behandle sie so, wie ich es von Dir erwarte. Ich habe die Befürchtung, Dir lästig zu werden, aber man wollte sie einfach nicht weiter in Pflege nehmen. Ich hatte jedoch Mitleid mit ihr um der Liebe Christi willen, der zu unserem Heil gelitten hat. Ich würde mir auch wünschen, daß ein deutscher Bruder zwei- oder zumindest einmal die Woche mit ihr sprechen würde, damit sie das Deutsche nicht vergißt. Sie versteht nämlich Deutsch und Lombardisch. Bestelle dem Prior des Konventes, daß er einen deutschen Bruder schickt, und Du trage ihr auf, mit ihm zu reden. Zur Zeit spricht sie nämlich ungern Deutsch, weil sie seit Ostern bei dem Herrn Gerard war, wo sie nichts als Lombardisch hörte. Er sagt, daß sie ein gutes Mädchen sei, und hat sie nur ungern gehen lassen. Lebe wohl – Dein Jordan [13]

„Teilhabe am Du"

... Weil ich Dich nicht, wie wir es uns beide wünschen, mit meinen leiblichen Augen sehen kann, habe ich Dir öfters geschrieben, seit ich Bologna verließ. Ich möchte nämlich nicht, daß Du Dich beunruhigst, wenn Dir verschiedentlich ungewisse Gerüchte über mich zu Ohren kommen sollten.

Du sollst also wissen, in Brescia litt ich unter dem Fieber,

---

[13] XXIII, Januar bis Februar 1227.

wovon ich aber dank Gottes Barmherzigkeit genas und nach Mailand gekommen bin. Nun hoffe ich, bald weiterreisen zu können. Suche also Trost im Herrn, damit auch ich mich in Ihm trösten kann. Denn Dein Trost ist mir Freude und Jubel vor Gott.

Lebewohl, grüße mir alle Schwestern und empfiehl mich ihnen – Dein Jordan [14]

„Das Wort – süss wie Honig"

... Obgleich ich augenblicklich nicht genügend Zeit habe, einen so ausführlichen Brief zu schreiben, wie ich mir wünschte, schreibe ich Dir trotzdem und sende Dir in aller Kürze das in die Krippe gebundene Wort, das „Fleisch geworden ist" (Joh 1, 14), das Wort des Heils und der Gnade, das Wort der Süßigkeit und Herrlichkeit, das gute und milde Wort, Jesus Christus „und zwar als den Gekreuzigten" (1 Kor 2, 2), erhöht am Kreuze, zur Rechten des Vaters erhoben, zu dem und in den Du Deine Seele erheben sollst und in dem Du unendlich ruhen sollst.

Lies dieses Wort in Deinem Herzen, erwäge es in Deinem Geiste und schmecke es auf Deinen Lippen wie süßen Honig. Bedenke dieses Wort und erwäge es immer wieder von neuem. Es bleibe und wohne immer in Dir.

Es gibt noch ein anderes kurzes Wort von geringerer Bedeutung, und zwar Eure antwortende Liebe und Euer Herz, welches in Deinem Herzen sprechen und Deine Liebe zu mir ergänzen soll. Auch dieses Wort sei Dein und ruhe immer in Dir.

Lebe wohl und bete für mich
Dein Jordan [15]

---

[14] XXXVIII, geschrieben in Genua im Sommer 1229.
[15] XLI, um Weihnachten 1223 bis 1236.

„Umgang mit dem abwesenden Freunde"

... Je länger wir voneinander getrennt waren, umso mehr ist in uns die Sehnsucht gewachsen, einander zu sehen. Ich hoffe jedoch, daß ich bis jetzt verhindert war zu kommen, geschah nach Gottes Willen. Wenn es also der Wille Gottes war, dann ist es nur recht, daß wir seinem Willen gleichförmig werden.

Diesen Winter über war ich von Advent an in Paris. Durch Gottes Gnade sind zahlreiche gute Gelehrte adeligen Standes und Doktoren eingetreten. Gerade an dem Tag, wo ich Dir diesen Brief schreibe, sagten mir die Brüder, es seien schon zweiundsiebzig aufgenommen worden. Ich möchte, daß Du und die Schwestern Gott für sie dankt.

Hinsichtlich meines Befindens sollst Du bis zu meiner Ankunft wissen, daß das Fieber schon lange völlig gewichen ist. Ich leide und ertrage jedoch viel an einem meiner Augen...

Lebe wohl
Dein Jordan [16]

„Herzenskummer"

... Wenn es sich so fügt, daß ich mich von Dir trennen muß, so tue ich dies nicht ohne Herzenskummer, und trotzdem fügst Du mir Schmerz zu. Wenn ich nämlich sehe, wie untröstlich bekümmert Du bist, dann muß ich mich nicht nur wegen unserer Trennung, sondern auch wegen Deiner abgrundtiefen Trostlosigkeit grämen. Warum ängstigst Du Dich so? Bin ich nicht bei Dir, bin ich nicht bei Euch? Dein bei der Arbeit, Dein in der Ruhe, Dein wenn ich anwesend und Dein wenn ich abwesend bin, Dein im Gebet, Dein im Werk und Dein im Lohn, wie ich hoffe. Was tätest Du, wenn ich sterben würde?

Nicht einmal über meinen Tod dürftest Du so untröstlich trauern. Denn würde ich sterben, so würdest Du mich nicht

---

[16] XLII, geschrieben in Paris vor Pfingsten 1236.

verlieren, sondern nur vorausschicken zu den lichten Wohnungen, damit ich dort den Vater auch für Dich bitten könnte. Dort wäre ich für Dich viel nützlicher, als wenn ich, mit jedem Tag weiter dahinsterbend, in dieser Welt festgehalten würde. Tröste Dich also, sei tapfer und atme auf in Jesu Christi Barmherzigkeit und Gnade ...

Jesus Christus sei mit Dir
Dein Jordan[17]

„Beruhigender Trost"

... Deinen Briefen muß ich entnehmen, daß Dich die bewußte Konstitution erregt, was mir jedoch mehr wie eine Unüberlegtheit und überflüssige Befürchtung erscheint. Denn weder ich noch die Definitoren haben gewollt, daß in diese Konstitution die Schwestern des Ordens einbegriffen sind. Davon war niemals die Rede, noch war es unsere Absicht. Das weiß ich ohne jeden Zweifel, war ich doch bei allen Kapiteln und Definitionen anwesend. Zudem kenne ich die Grundlage aller Konstitutionen, die wir bisher beschlossen haben. Der Grund für unseren Beschluß war ein ganz anderer, nämlich nicht wegen unserer Schwestern, sondern wegen uns fremden Frauen, die, hegten sie den Wunsch einzutreten, unsere Brüder in verschiedenen Provinzen allzu leichtfertig zum Abschneiden der Haare, zur Verleihung des Habits und zum Gelübde der Enthaltsamkeit zuließen.

Erwähne diese Angelegenheit gegenüber niemandem und sorge Dich nicht, da Euch diesbezüglich kein Nachteil entstehen kann. Jeder jedoch, der diesen Zweifel in Dich gesetzt hat, hat unklug gehandelt, weil er Dir dort Furcht einjagen wollte, wo nichts zu befürchten ist.

Im übrigen, Liebste, sei zuversichtlich und heiter, und was Dir an meiner Gegenwart abgeht, weil Du auf sie einfach verzichten mußt, das suche bei einem besseren Freund als ich,

---
[17] XLVI, Sommer 1231.

nämlich bei Jesus Christus, an dessen Gegenwart Du Dich öfter freuen kannst „im Geist und in der Wahrheit" (Joh 4, 23) und der angenehmer und wohltuender mit Dir sprechen kann als ich. Und wenn er auch manchmal fern von Dir zu sein scheint und sich vor Dir verbirgt, dann denk daran, daß er Dich damit keineswegs bestrafen, sondern Dir seine Gnade schenken will. Er ist das Band, durch das mein Geist mit Deinem Geist verbunden ist. In Ihm bist Du ununterbrochen bei mir, wohin immer ich auch gehe. (2 Tim 1, 3)

Lebewohl und grüße meine Töchter

Genau an dem Tag, an dem ich Dir schreibe, bin ich im Begriff, von Genua aufzubrechen. Die Schwestern, die Profeß ablegen wollten, können dies in meinem Namen unbesorgt vor der Priorin oder dem Prior des Konventes tun. Sie mögen diesbezüglich keine Bedenken haben; es wird mir genauso lieb sein, als wenn sie ihre Profeß in meine Hände ablegen würden [18].

„Die Sehnsucht des Herzens"

... Dein Brief ist der Sehnsucht entsprungen, weshalb ich Dir über die Ursache der himmlischen Sehnsucht einiges sagen möchte. Liebste, die Sehnsucht der Väter des alten Bundes hat Deinen Bräutigam Christus in die Leiden getrieben und Er ist gekommen. Wie sollte Er also, wenn Du Ihn voller Sehnsucht begehrst, nicht zu Dir kommen? Deshalb richte all Deine Sehnsucht auf den Himmel.

Wer nicht der Hölle verfallen will, der muß seinen Blick auf den Himmel richten. Wer auf freiem Feld lebt, der wohnt ungesichert, weil er allen Feinden ausgesetzt ist; wer jedoch in einem befestigten Lager oder in einem Turm wohnt, der ist in Sicherheit. Schlage Dein Zelt also nicht auf freiem Feld auf, sondern fliehe, wie David vor Saul, an befestigte Orte

---

[18] XLVIII, geschrieben in Genua im Sommer 1229.

(1 Sam 20, 21), denn dann wohnst Du ob Deiner Sehnsucht in der himmlischen Burg.

Ich glaube, daß Du des Deutschen nicht mächtig bist, was ja kein Wunder ist, da Du niemals im Land der Deutschen warst. In der irdischen Welt gibt es von Geburt an keine andere als die Muttersprache, denn „wer von der Erde stammt, ist irdisch und redet irdisch" (Joh 3, 31). Wenn Du also eine Sprache erlernen möchtest, dann richte Dein Verlangen weiterhin auf den Himmel, damit Du alles verstehst, wenn Du zu einem geistlichen Buch greifst oder einen geistlichen Redner hörst. Denn wer niemals im Land des Geistes war, der kann es unmöglich verstehen.

Vergiß' nicht, daß zum Menschen beides gehört, Leib und Seele. Wie Du ja siehst, hört der Leib nicht auf, sein Verlangen in dem Lande des Leiblichen zu stillen, damit er nicht vor Hunger stirbt. Die Seele aber ist mehr als der Leib. Gib darum Deinen Geist nicht dem Leibe preis, sondern schicke ihn mitunter auf Reise in das geistige Land, damit er dort die Speise auflese, die er auf der Erde nicht findet und deren Preis nicht Geld, sondern die Sehnsucht des Herzens ist ...

Die Bienen sammeln von den irdischen Blumen den irdischen Honig und tragen ihn in ihre Waben, weil sie sich um ihre Zukunft sorgen. Dein Geist wird sterben, wenn er nicht mit geistlichem Honig genährt wird, denn ich weiß, wie wählerisch er ist und den Genuß grober Nahrung verschmäht. Liebste, sende Deinen Geist aus (Ps 104, 30) zu den Blumen der Himmelswiesen, die niemals verblühen, damit er aus ihnen den Honig sammle, von dem er lebt. Beim Einsammeln soll er nicht alles aufzehren, sondern einen Teil in sein Herz tragen, damit er in sich einen Vorrat findet, wenn die Sehnsucht bisweilen nachläßt.

Wenn Du aber in solcher Sehnsucht verweilst, dann vergiß nicht den Schreiber dieses Briefes.
Dein Jordan [19]

---

[19] LI, Advent 1223.

„Immer bei Dir"

... Ich weiß, daß Du Dir gewünscht hättest, ich wäre nach Bologna gekommen, und auch mir wäre dies ein Trost gewesen, wenn ich es hätte einrichten können. Wegen meiner derzeitigen körperlichen Schwäche ist es jedoch zu anstrengend für mich, nach Bologna hin und zurück zu reisen. Auch rückt die Zeit heran, wo ich, so Gott will, nach Paris zum Generalkapitel aufbrechen muß. Doch wenn ich Dich jetzt auch nicht leiblich besuche, so bin ich im Geiste bei Dir, denn ich bleibe bei Dir, wohin immer ich gehe, und wenn Du auch leiblich zurückbleibst, so nehme ich Dich geistig doch mit mir mit.

Über meine Gesundheit und die Besserung, die dank Eurer Gebete täglich voranschreitet, geben Dir unsere Brüder Auskunft, der Prior Nikolaus und andere, wenn Du sie fragst.

Hinsichtlich jenes Töchterleins der Lambertina ermahne ich Dich also: Wenn ihm, gegen Deinen Willen, etwas zustoßen sollte, so nimm es Dir nicht zu sehr zu Herzen, sondern trage es mit Geduld und lege Deine Sache in die Hände des Herrn. Er möge „wie es ihm gefalle" (Eph 1,9) dieses und Deine anderen Anliegen in seiner Gnade regeln und entscheiden. Die Gnade Gottes allein ist es, über deren Verlust die Heiligen seufzen und klagen sollten.

Sollte der Herr genau dies geschehen lassen, so hoffe ich, daß er Dich in seiner Barmherzigkeit reichlich durch anderes tröstet, denn wir glauben, daß jeder Kummer in diesem Leben in sich Nutzen birgt für den Menschen, damit sich bewahrheitet, was der Apostel sagt „daß Gott bei denen, die ihn lieben, alles zum Guten führt, bei denen, die nach seinem Ratschluß berufen sind" (Röm 8,28).

Grüße alle meine Töchter in Jesus Christus und auch all die außerhalb des Ordens, von denen Du weißt, daß ich sie im Geiste gegrüßt haben möchte. Die Gnade Jesu Christi sei mit Dir, Du von mir in Ihm geliebte
Dein Jordan [20]

---

[20] II, wahrscheinlich geschrieben in Mailand im Frühjahr 1234.

*Abaelard
und Heloise*

EINLEITUNG [1]

Wie sich eine leere Theaterbühne durch den Auftritt der Darsteller allmählich mit Leben füllt, so erlebt auch der Leser, wie er in ein dramatisches Szenarium von großer Schönheit und unerhörtem Reichtum hineingezogen wird, wenn er den Briefwechsel zwischen Heloise und Abaelard aufschlägt. In diesen Briefen ist uns ein einzigartiges menschliches Zeugnis einer großen Liebe und Freundschaft erhalten. Heloise sei, so wurde einmal völlig zurecht gesagt, eine große Liebende, die deren reinstes Wesen bis zu einem Grad verkörpere, daß sie dies und nur dieses sei [2]. Und Abaelard ist in seinen Briefen an Heloise ein unermüdlicher Kämpfer um das hohe Ideal christlicher Liebe, für dessen Verwirklichung er seine ganze Existenz in die Waagschale wirft, eine Existenz, die nicht ohne Heloise gedacht werden kann, zieht Abaelard doch Heloise in alle Wellenbewegungen seines stürmischen Lebens hinein.

Heloise und Abaelard – sie spielen also die Hauptrolle in der Geschichte einer Leidenschaft für das ganze Leben. Sie selbst sind auch die Zeugen dieser großen Begegnung, gemeinsam in ihrem Briefwechsel, und für die Anfänge Abaelard allein in der „Historia calamitatum". Im zweiten Jahrzehnt des zwölften Jahrhunderts sollten sie sich zum ersten Mal begegnen. Abaelard war damals 38 Jahre alt und verfügte bereits über ein hohes Ansehen als Philosoph und Theologe. 1079 hineingeboren in die Familie des Ritters Berengar und seiner Frau Lucia in Palais bei Nantes, zeichnete

---

[1] Das Lebensbild von Abaelard und Heloise wurde als zweite Folge der Sendereihe „Geistliche Freundschaften – Liebesbriefe hinter Klostermauern" von P. Andrés E. Bejas und Sabine B. Spitzlei am 25. 5. 89 vom Südwestfunk ausgestrahlt.
[2] Gilson, Étienne, Heloise und Abaelard. Zugleich ein Beitrag zum Problem von Mittelalter und Humanismus. Freiburg, Herder, 1955, S. 82.

sich schon in jungen Jahren seine Begeisterung für das Studium der Philosophie, insbesondere der Logik, ab. Zwei Lehrer beeinflußten seinen wissenschaftlichen Weg: In den Anfängen Roscelin von Compiègne, dem er die kritisch nominalistische Richtung seines Denkens verdankte, und in den letzten Studienjahren an der Kathedralschule von Notre-Dame Wilhelm von Champeaux, mit dem er das erste einer langen Kette von Zerwürfnissen mit bekannten Größen seiner Zeit erlebte.

Zerstritten mit Wilhelm von Champeaux, eröffnete er 1101 eine erste eigene Schule in Melun, der, unterbrochen durch lange Zeiten der körperlichen Erholung in Palais, eine in Corbeil und schließlich eine auf dem Genovevaberg in Paris folgten. Nachdem Abaelard ab Ende 1113 bei Anselm von Laon Theologie studiert und sich wieder einmal wegen wissenschaftlicher Meinungsverschiedenheiten von seinem Lehrer getrennt hatte, kehrte er 1114 nach Paris zurück und wurde als Kanonikus Leiter der Kathedralschulen von Notre-Dame, wo er Dialektik und Theologie dozierte.

Im Paris des Jahres 1117 nun nahm die Geschichte einer Leidenschaft ihren Anfang, und zwar im Haus des Klerikers und Kanonikers Fulbert, der Abaelard in Kost genommen hatte, um durch den Unterricht eines so berühmten und beliebten Lehrers seiner Nichte Heloise eine hervorragende philosophische Weiterbildung zu ermöglichen. Heloise, 1101 geboren und in der Schule der Nonnen von Argenteuil erzogen, verfügte bereits über große Kenntnisse in der lateinischen Literatur, wozu Cicero, Lukan und Seneca gehörten, aber auch in Hebräisch und Griechisch. Zwischen dem lernbegierigen Mädchen und dem angesehenen Magister entwickelte sich ein Verhältnis, das den Leser verwundern mag. Wenn wir in einer geistlichen Freundschaft Menschen begegnen, deren tiefe Beziehung in einem gemeinsamen Zugehen auf Gott mündet und die sich eben nicht von der körperlichen Leidenschaft fesseln lassen, dann scheint die anfängliche Gestaltung der Liebe zwischen Abaelard und Heloise dagegen zu sprechen, in den beiden die Verwirklichung einer geistlichen Freundschaft finden zu wollen.

Abaelard nutzte das Vertrauen, das ihm Heloises Onkel mütterlicherseits entgegengebracht hatte, soweit aus, daß er Heloise verführte und die Unterrichtsstunden im Haus von Fulbert in die Stunden ihrer heimlichen Liebe umfunktionierte. „Ich kann es jetzt wohl kurz machen", schreibt er in seiner Leidensgeschichte, „der Hausgemeinschaft folgte die Herzensgemeinschaft! Während der Unterrichtsstunden hatten wir vollauf Zeit für unsere Liebe; und wenn Liebende sich wohl nach einem stillen Fleck sehnen, wir brauchtens dafür nur zur Versenkung in die Wissenschaften zurückzuziehen. Die Bücher lagen offen da, Frage und Antwort drängten sich, wenn die Liebe das bevorzugte Thema war, und der Küsse waren mehr als Sprüche. Meine Hand hatte oft mehr an ihrem Busen zu suchen als im Buch, und statt in den wissenschaftlichen Textbüchern zu lesen, lasen wir sehnsuchtsvoll eins in des anderen Auge. In unserer Gier genossen wir jede Abstufung des Liebens, wir bereicherten unser Liebesspiel mit allen Reizen, welche die Erfinderlust ersonnen. Wir hatten diese Freuden bis dahin nicht gekostet und genossen sie nun unersättlich in glühender Hingabe, und kein Ekel wandelte uns an."

Abaelard selbst klagt sich der nichtswürdigen Verführung an, war Heloise doch eine Gelegenheit, wie sie sich ihm schwerlich ein zweites Mal geboten hätte. Heloise sagte man von Jugend an eine große Gelehrsamkeit nach, weshalb eine Verbindung mit ihr Abaelards übergesundem Selbstbewußtsein hinsichtlich seines Charismas als Philosoph entgegenkam. Zudem bewege sie sich in der Welt der damaligen Pariser Intellektuellen, in der Abaelard als Leiter der Kathedralschulen von Notre-Dame tonangebend war, lebte sie doch im Haus Fulberts, der wie Abaelard Kleriker und Kanoniker war. Es war ihm ein leichtes, Fulberts Schwäche, nämlich die Nichte unter einem solchen Lehrer zu einer überragenden Gelehrten heranwachsen zu sehen, zu seinen

Gunsten zu nutzen. Heloise selbst konnte dann nicht mehr widerstehen.

Gemeinsam stürzten sie in ein Drama, das auf dem Climax des beiderseitigen Glücks umschlagen sollte in eine Tragödie.

Warum sie füreinander bestimmt waren, wird für uns immer ein Geheimnis bleiben. Bedenkenswert jedoch ist, ob Heloise Abaelard nicht deshalb zum Schicksal werden konnte, weil sie ihn genau da traf, wo er in seinem Alleingang durchs Leben „verletzlich" war, nämlich in seiner Leidenschaft für die Philosophie, die ihn auf den beglückenden und gleichzeitig so anfechtbaren Weg der Suche nach der Wahrheit geführt hatte.

Die Folgen blieben nicht aus: Heloise wurde schwanger, Abaelard entführte sie in das Haus seiner Schwester in die Bretagne, wo Heloise ihren gemeinsamen Sohn Astrolabius zur Welt brachte. Sie gaben sich, trotz aller Vorbehalte Heloises, das Eheversprechen, was sie aus Rücksicht auf Abaelards wissenschaftliches Wirken geheimhalten wollten. Fulbert hatte die Verschwiegenheit hinsichtlich dieser Ehe versprochen; Heloise zog dies in Zweifel und konnte Abaelard aber nicht von seinem verhängnisvollen Vertrauen in dieses Versprechen abhalten. Als Heloise im Kloster Argenteuil weilte und Abaelard in Paris seiner Lehrtätigkeit nachging, griff das Schicksal in diese Liebesgeschichte ein, indem die Sippe Heloises an Abaelard Rache nahm und ihn kurzerhand entmannte: „Die Verbitterung dieser Leute wurde so stark, daß sie mein Verderben beschlossen. Mein Diener ließ sich bestechen und führte sie eines Nachts, als ich ganz ruhig schlief, in meine Kammer. Und nun nahmen sie an mir eine Rache, so grausam und so beschämend, daß die Welt erstarrte: sie schnitten mir von meinem Leib die Organe ab, mit denen ich sie gekränkt hatte."

Mit dieser Tat nahm Abaelards und Heloises Leben seine entscheidende Wende. Abaelard entschied sich für ein Leben im Kloster, und auf seinen Wunsch begann Heloise, noch vor Abaelard, ihren monastischen Weg, den sie bis zu ihrem Tod abschreiten sollte. Kaum zwanzigjährig trat sie in das Benediktinerinnenkloster Argenteuil ein.

Die erste Phase dieser Liebe ist also in der Tat von einer Leidenschaft geprägt, die so groß ist, daß sich beide nicht scheuen, sich außerhalb von Sitte und Moral zu stellen. Einer ist für den anderen wie ein Magnet, dessen Anziehungskraft sie sich beide nicht entziehen können, sondern dem Kraftfeld des anderen gänzlich verfallen. „Meine Vorlesungen fanden mich so lau und so nachlässig! Ich konnte nichts mehr aus frischer Eingebung vortragen, sondern mich nur noch auf meine Routine verlassen und nur noch frühere Funde wiederholen. Glückte es je, noch etwas Neues zu finden, so waren es Liebesgedichte, keine philosophischen Offenbarungen." schreibt Abaelard in seiner Leidensgeschichte. Aus Heloises Feder hört sich das so an: „Warst Du über Deinen philosophischen Arbeiten müde geworden, dann erholtest Du Dich auf diesem Tummelplatz. Deine vielen Liebeslieder in antiker und moderner Form leben noch heute ... Der Zauber Deiner Lieder war es vor allem, der die Frauen nach Dir seufzen ließ; und da die meisten Lieder unser Liebeserleben besangen, so verbreiteten sie in kurzem meinen Namen überall und weckten in vielen Frauen die Eifersucht." Abaelard hatte also über seiner Liebe zu Heloise seine wissenschaftliche Arbeit vernachlässigt. Aus dem Philosophen war ein Dichter geworden, dessen Liebeslieder von Mund zu Mund gehen sollten.

Und Heloise? Ihr Onkel Fulbert hatte Abaelard zu Heloises Ausbildung in sein Haus geholt, stand sie doch in dem Ruf, trotz ihrer 17 Jahre bereits eine hervorragende wissenschaftliche Ausbildung genossen zu haben, was im 12. Jahrhundert durchaus eine Rarität war. Das lag insbesondere daran, daß die Tore der Kathedralschulen – im 12. Jahrhundert war die Entwicklung des Universitätswesens noch in seinen Anfängen – dem weiblichen Geschlecht versperrt blieben. In der Regel waren es die Atmosphäre des Klosters oder die Sorglosigkeit eines adeligen Milieus, die eine qualifizierte Bildung der Frau ermöglichten. Die Wissenschaft hatte

Abaelard in die Umgebung des jungen Mädchens geführt, wo die Philosophie und die Liebe ihre Fangseile ausspannten, in denen sich Heloise hoffnungslos verfing. Die Geschichte dieser Freundschaft ist aus der Sicht Heloises die Geschichte einer einzigen großen Hingabe, einer Hingabe, die sich unumschränkt unter das Leben und unter den Gehorsam des geliebten Freundes und Mannes beugt. In den wichtigen Punkten stimmen die Zeugnisse Heloises und Abaelards stets überein, und so finden wir in Abaelards Leidensgeschichte unter Heloises Einwänden gegen eine Ehe „Ihr sei es das Liebste und für mich das Anständigste, wenn sie ‚Geliebte' heiße statt ‚Gattin'. Die freischenkende Liebe solle mich an sie binden und nicht die drückende Ehefessel.", was sich aus der Feder Heloises dann so anhört: „Du bist mein Zeuge, nicht meine Lust, nicht mein Wille war je mein Ziel, nein, nur Deine volle Befriedigung. In dem Namen ‚Gattin' hören andere vielleicht das Hehre, das Dauernde; mir war es immer der Inbegriff aller Süße, Deine Geliebte zu heißen, ja – bitte zürne nicht! – Deine Schlafbuhle, Deine Dirne. Die tiefste Erniedrigung vor Dir versprach die höchste Huld bei Dir, und ich brauchte so in meiner Niedrigkeit Deinen Ruhmesglanz auch nicht zu trüben." Beide waren sie hingerissen von dem Idealbild des Philosophen und Klerikers, das an den Zölibat gebunden ist und das in der Ehe den Verlust der persönlichen Freiheit und des freien Studiums sieht. Heloise hatte auf die Ehe verzichten wollen, so daß Abaelard seinen Weg als Kleriker und Philosoph ohne Einbuße hinsichtlich seines moralischen Ranges hätte weitergehen können, was ein öffentlicher Eheschluß damals verhindert hätte[3]. Es sei daran erinnert, daß wir uns in dem Jahrhundert bewegen, in dem die Zölibatsdisziplin für Empfänger der höheren Weihen von päpstlicher Seite gefordert wurde, was breite Volksbewegungen unterstützten. Abaelard selbst scheint aber zu dieser Zeit lediglich ein Tonsurierter, d. h. ein Kleriker ohne niedere Weihen, gewesen zu sein. Heloise jedenfalls wollte

---

[3] Vgl. dazu Gilson, Étienne, S. 18 ff.

kein Hindernis auf diesem Weg sein, von dem sie wußte, daß er das Sinngefüge, aber auch die bereits erfolgreich durchlaufene Kampfbahn von Abaelards Leben bedeutete. In ihren Einwänden gegen die Ehe führte sie auch an, daß es dem Vergraben eines Schatzes gleichkäme, zöge Abaelard die Freuden des heimischen Glücks einem Fruchtbringen seines hohen philosophischen Könnens vor, raube eine Familie doch die für die Philosophie nötige Indifferenz im Materiellen und die dem Denken unabkömmmliche Ruhe. Intuitiv scheint sie erahnt zu haben, daß die Ehe ihrer beider Leben vom Gipfel des Glücks in die Tiefen des Leids stürzen mußte. „Alles gute Zureden, alle Warnungen der Art verfingen bei mir nicht", lesen wir in Abaelards Leidensgeschichte, „ich war zu verblendet, und Heloise wollte mich auch nicht kränken durch noch dringlichere Vorstellungen; sie konnte nur noch mit lautem Schluchzen und Stöhnen herausbringen: ‚Wenn wir denn beide zugrunde gehen sollten: ein Trost bleibt, die Bitterkeit unseres kommenden Elends, wird so stark sein wie die Süße unserer verlorenen Liebe.'"

Gefährtin Abaelards zu sein, das eigene Leben gänzlich der Entfaltung seiner wissenschaftlichen und geistlichen Berufung anheimzugeben und eben in diesem unbedingten Ja der eigenen Berufung zur Liebe treu zu bleiben, damit könnte man die Essenz oder unauslotbare Tiefe von Heloises Hingabe umschreiben. In den Worten von Antoine de Saint Exupérys Kleinem Prinzen klänge dies so: Heloise hat Abaelard mit den Augen des Herzens gesehen und sich mit seinem Ideal eines großen Philosophen und Klerikers vertraut gemacht. Daraus erwuchs Verantwortung für Abaelard, ihre Rose, der sie sich nicht entzog.

Die äußeren Begebenheiten dieser Geschichte einer unendlichen Berührung stürzten Abaelard und Heloise in eine Leidensgeschichte, die wir genausogut als Liebesgeschichte umschreiben können – wo gäbe es Liebe ohne Leid? –, womit wir, nach der Zeit der anfänglichen Leidenschaft bis hin zur Ehe, in der dritten, längsten Phase dieser Begegnung anlangen. Die Zeit der Sinnlichkeit wird abgelöst durch die langen

Jahre monastischen Lebens, was für Heloise und Abaelard räumliche Trennung bedeutete.

Der Leser der Dokumente der liebenden Freunde könnte sich erneut fragend zu Wort melden: Verrät der Briefwechsel nicht, daß Abaelards und Heloises geistlicher Weg nicht in dieselbe Richtung führt, sondern daß ihre Ziele auseinanderklaffen?

Es ist keine naive Verliebtheit, die wir in den Briefen Heloises und Abaelards finden, sondern eine liebende Freundschaft, die über sich selbst reflektiert, sich immer wieder in Frage stellt und an Gott Maß nimmt. Dieser hohe Grad an Reife in der Liebe findet sich in Briefen, die die Gatten 12 bis 15 Jahre nach dem Ehebündnis austauschten.

Beide lebten nun ein geistliches Leben „hinter Klostermauern". Als Mahner seiner Gemeinschaft von St. Denis nicht überaus beliebt und wegen seines Werkes „De unitate et trinitate divina" durch die Synode von Soissont (1121) verurteilt[4], zog sich Abaelard in die Einsamkeit von Nogent-sur-Seine zurück. Ein Schwarm von Schülern folgte ihm und errichtete für den geschätzten Lehrer das Oratorium des Parakleten. Aus diesem Oratorium schuf Abaelard 1228 das Parakletenkloster, in dem die Benediktinerinnen leben sollten. Abaelard wurde Abt von St-Gildas in der Bretagne, von wo er aber vor Nachstellungen seiner Mitbrüder floh. In dieser innerlichen Zerrissenheit verfaßte er 1135 die „Historia calamitatum", seine Leidensgeschichte, die in die Hände von Heloise geriet und in deren Folge der Briefwechsel zwischen der Äbtissin des Parakletenklosters und dem Benediktinerpater entstand.

Darin scheint die Ordensfrau noch ganz die Heloise der sinnlichen Jugend zu sein, wohingegen Abaelard sich als der Gatte, der geistlicher Führer, Priester und Mönch ist, zu erkennen gibt. Die Briefe verraten, daß Abaelard den Schlag, der ihn seiner Männlichkeitsattribute beraubte und der ihn

---

[4] Abaelard stellt hier die Selbständigkeit der Person des Sohnes sowie des Heiligen Geistes in Gott in Frage.

und Heloise als Gatten räumlich trennte, als ein Zeichen des göttlichen Willens hinsichtlich ihres gemeinsamen Lebensweges verstand. Ganz im Gegensatz zu Heloise, die sich noch nach über 12 Jahren gegen das göttliche Strafgericht trotzig auflehnte. Genau hier, in der nicht einheitlichen Haltung gegenüber diesem Schicksalsschlag, liegt der Angelpunkt für den unterschiedlichen Heroismus, der uns aus dem Briefwechsel entgegenschlägt.

Heloise läßt uns in ihrem Kampf nicht darüber im Unklaren, daß sie dem Wunsch Abaelards gehorchte, als sie in Argenteuil den Schleier nahm. Sie bleibt ihrem Ideal der Uneigennützigkeit in der Liebe treu, das sie schon in ihrem Widerstand gegen die Ehe zu verteidigen versucht hatte. Heloises Heroismus beruht auf ihrer menschlichen Größe, die darin bestand, daß sie nach dem gemeinsamen Fall alles tat, damit Abaelard wieder zurückfand auf den Weg der Verwirklichung ihrer beider Ideal eines wirklichen Philosophen und Weisen. Wir wissen nicht, wie Heloises Kampf geendet ist, ob sie die Wende in ihrer beider Leben im Verlauf ihres Ordenslebens nicht als die Bedingung der Möglichkeit eines gemeinsamen geistlichen Weges widerstandslos anzunehmen lernte. Die Briefe gestatten keinen Blick auf ihr ganzes Leben, sondern lediglich auf einen kleinen Ausschnitt, weshalb es müßig ist zu fragen, ob sie noch im Alter – sie starb zweiundzwanzig Jahre nach Abaelard 1164 – Gott als ungerechten Richter anklagte. Zu dem Zeitpunkt ihres Briefwechsels mit Abaelard jedenfalls zeigt sie sich als die Frau, die in ihrem Verlangen nach der Wahrheit ihre Liebe zu Abaelard verstehen will, weshalb sie diese Liebe offenlegt, um sie zu klären.

Wie Abaelard stehen wir vor einer Frau, die ein Doppelleben als große Liebende und als Benediktinerin zu führen scheint. Besonders ihre Anliegen in dem letzten uns überlieferten Brief zeigen sie als die verantwortungsvolle Vorsteherin eines Frauenklosters. Hier fragt sie ihren geistlichen Weggefährten Abaelard nach der Entstehung und dem Wesen der weiblichen Form des Ordenslebens sowie nach einer auf Frauen zugeschnittenen Ordensregel, wobei ihre eigenen Ausführungen sie als die verantwortungsvolle Äbtissin und Theologin verraten.

Abaelard selbst gesteht in seiner Leidensgeschichte, daß sein Gang ins Kloster nicht bestimmt war von einer religiösen Berufung oder einer großen Sehnsucht nach dem monastischen Leben. Von Heloises Sippe entmannt, suchte er Zuflucht im Kloster St. Denis, um seine Schande zu verstecken. Erst einmal auf dem geistlichen Weg, ging er diesen mit aller Radikalität. Das wird besonders deutlich in seinen Briefen an Heloise, in denen er von Anfang an Heloises Ideal der Vollkommenheit in der menschlichen Liebe hinzulenken versucht auf das Ideal der Vollkommenheit auf dem Weg der göttlichen Liebe. Auf Heloises Anrede im ersten Brief „Ihrem einziggeliebten nach Christus / seine Einziggeliebte in Christus" antwortet er „Der Braut Christi / der Knecht Christi" und schlägt damit die Tonart an, in der ihr gemeinsames Leben sich nun abspielt oder abspielen soll.

Abaelard versucht Heloise klarzumachen, daß seine Liebe durch die Kastration nicht geschmälert, sondern gewandelt worden sei. Ihrer beider Liebe war in eine Sackgasse geraten, aus der sie nicht allein herauszufinden vermochten, sondern nur an Gottes Hand zurück auf den Weg zu ihm finden konnten. So jedenfalls verstand Abaelard seine Verstümmelung: „Gottes gerechtes Gericht – ich konnte das nicht verkennen – hatte mich an dem Teil gestraft, mit dem ich gesündigt hatte; der Verrat an mir war nur eine gerechte Vergeltung meines eigenen Verrats an Gott." Auch wenn er als Pendant des tragischen Kampfes der Äbtissin Heloise hart und gefühlsmäßig kalt wirken mag, so zeigt sich in der Wegführung Abaelards der liebende Freund. Er versucht Heloise auf seinem Weg zu Gott mitzunehmen, hatte er sie doch längst überflügelt. Abaelard durchlebt Heloises Ringen und unternimmt das scheinbar Unmögliche: sie in ihren Klagen gegenüber Gott zum Verstummen zu bringen, nicht mehr leidend hinter ihrem Seelenfreund hinterherzuhinken, sondern gemeinsam voranzuschreiten auf ihrem Weg zu Gott.

Zum Nachdenken mag anhalten, daß Abaelard nach seinem Tod 1142 im Priorat St. Marcel im Paraklet begraben wurde, wo auch Heloise 22 Jahre später 1164 ihre letzte Ruhestätte fand. Das Geheimnis Abaelards und Heloises haben vielleicht nicht einmal die beiden selber begriffen. Hinterlassen haben sie einen Briefwechsel, der der Nachwelt einen Blick gestattet auf das Innenleben zweier in Liebe verbundener Gatten und Freunde.

BRIEFE

Zweiter Brief[5]

Meinem Herrn, nein, meinem Vater
meinem Gatten, nein, meinem Bruder
seine Magd, nein, seine Tochter
seine Gattin, nein, seine Schwester
meinem Abaelard seine Heloise

Liebster! Einen Trostbrief an einen Freund, und zwar von Eurer Hand, hat mir ein Zufall in die Hand gespielt. Ich brauchte ja nur die ersten Worte anzusehen, um Eure Schrift zu erkennen. Und da ich den Briefschreiber so fest im Herzen trage, so versenkte ich mich in heißer Hingabe in seine Worte. Ist mir auch der Mann verloren, soll doch aus seinem Wort sein Bildnis mich beglückend anschauen.

Gewiß, fast jedes Wort in dem Brief war getränkt, ich habe es nicht vergessen, von Galle und Wermut; malt er doch das Jammerbild meiner Einkehr ins Kloster und, Einziggeliebter, Deinen endlosen Weg unterm Kreuz. Ich glaube, niemand kann diese Leidenserzählung trockenen Auges lesen und hören; *meinen* Schmerz rief sie wieder wach in aller Heftigkeit, so lebensvoll schildert sie ja jede Einzelheit.

Einen sehr getreuen Leidensbericht hast Du Deinem Freund geliefert! Um ihn zu trösten, machtest Du mich trostlos, um seine Wunden zu schließen, hast Du meine alten Wunden wieder aufgerissen und hast mir neue geschlagen!

---

[5] Bei dem Ersten Brief handelt es sich um die von Abaelard verfaßte „Leidensgeschichte" („Historia calamitatum"), die er an einen Freund geschrieben hatte und die in Heloises Hände geriet, woraus sich der folgende, hier auszugsweise vorgestellte Briefwechsel zwischen Abaelard und Heloise entwickelte. Der Auswahl liegt zugrunde: Abaelard. Die Leidensgeschichte und der Briefwechsel mit Heloisa. Übertr. u. hrsg. v. Eberhard Brost. Heidelberg ⁴1979.

Ich flehe Dich kniefällig an, heile auch die Wunden, die Du selber geschlagen, wenn es Dein Herz sogar drängt, Wunden zu heilen, die Fremden Fremde schlugen.

Wie groß ist Deine Schuldverpflichtung gegen meine Nonnen und mich! Unser Kloster – nächst Gott bist Du allein sein Gründer, unser Bethaus – Du allein bist sein Erbauer, unsere heilige Gemeinschaft – ihr Stifter bist Du ganz allein.

Dein eigenes, im vollen Wortsinn Dein eigenes Werk, ist diese neue Pflanzung im Dienst des Himmels; ihre Pflanzen sind meist noch jung und brauchen häufiges Begießen, wenn sie gedeihen sollen. Wir sind schwache Frauen, und so bleibt unsere Pflanzung ziemlich anfällig und bleibt zart, auch wenn sie nicht obendrein eine neue Pflanzung wäre. Deshalb braucht sie eine sorgsame, oft wiederholte Pflege.

Von den Schwestern will ich im Augenblick schweigen; aber den Stand Deiner Schuld an mich darfst Du nicht mehr übersehen. Mich, Deine Einziggeliebte, mich mußt Du auszahlen, gewissenhaft auszahlen, wenn Du Deine Schuld an die andächtigen Schwestern loswerden willst. Innerlich unsicher verzehre ich mich in einem Schmerz, der täglich neu wird: aber Du hast keinen Versuch gemacht, in seelsorgerlichem Gespräch oder mit einem Trostschreiben zu helfen! Du kennst doch die ganze Schwere Deiner Verpflichtung, wie das Sakrament der Ehe Dich an mich bindet. Mir bist du verpflichtet und verfallen; denn alle Welt bezeugt es, daß meine Liebe zu Dir kein Maß und kein Ziel kannte. Herzliebster, Du weißt es, alle wissen es, was ich in Dir verloren, wie jammervoll der Sturz war, nach dem schwärzesten Verrat, den die Welt kennt; Dich verloren und in Dir mich verloren, schmerzt tief; doch abgrundtief schmerzt es, wie ich Dich verlieren mußte. Wer unter stärkstem Druck leidet, verlangt auch die stärksten Heil- und Trostmittel, und er verlangt sie nicht von irgendwem sonst, sondern von Dir und nur von Dir. Du einzig, Du allein schlugst mir die Wunde, heile Du sie auch gnadenvoll! Du allein kannst mich betrüben, Du allein kannst mich fröhlich machen und trösten, und Du allein bist dazu verpflichtet, so stark, wie es nur ein Mensch sein kann.

Du bist mein Zeuge, nicht meine Lust, nicht mein Wille war je mein Ziel, nein, nur Deine volle Befriedigung. In dem Namen „Gattin" hören andere vielleicht das Hehre, das Dauernde; mir war es immer der Inbegriff aller Süße, Deine Geliebte zu heißen, ja – bitte zürne nicht! – Deine Schlafbuhle, Deine Dirne. Die tiefste Erniedrigung vor Dir versprach die höchste Huld bei Dir, und ich brauchte so in meiner Niedrigkeit Deinen Ruhmesglanz auch nicht zu trüben. In dem Trostbrief an den Freund hast Du meines Herzens wahres Wollen nicht ganz verschwiegen, um Deinetwillen; es war Dir da nicht zu wenig, den und jenen der Gründe zu nennen, die mich den Ehebund bekämpfen hießen, um den Liebesbund zu retten.

Heiliger Irrtum, selige Selbsttäuschung, wenn Ehegatten einander in der Liebe zum Vollkommenen gehören, wenn Keuschheit der Seelen noch mehr als leiblicher Verzicht das Eheband nicht zerreißen läßt.

Die eine inständige Bitte habe ich an Dich, sie kommt Dir sicher bescheiden vor und leicht erfüllbar: muß ich schon auf das Glück verzichten, Dich zu sehen, schreib mir wenigstens die Liebesworte – Du hast sie ja überreichlich – und laß mir zuliebe Dein teures Bild in ihnen Leben gewinnen. Wenn ich Deinen Geiz schon bei dem Anlaß erfahre, wo Du mit bloßen Worten helfen kannst, dann ist mein Hoffen dahin, Deine Liebe möchte zur Tat werden und sich in ihr verströmen.

Als Du zu Gott Deine Zuflucht nahmst und zu seinem Dienst, da tat ich, wie Du getan, nein, ich nahm den Schleier noch vor Dir. Ich wäre doch, weiß Gott, ohne Zaudern auf Dein Geheiß in die Hölle Dir sogar vorausgeeilt, oder doch nachgestürzt. Ist mein Selbst nicht bei Dir, so ist es nirgends, und ohne Dich hat es kein Sein und Wesen. Laß mein Herz doch bei Dir sein, bitte, bitte, und bei Dir behütet sein! Es fühlt sich schon behütet, wenn Du ihm ein freundliches Gesicht machst, wenn Du Liebe mit Liebe vergelten magst, mein

Großes mit Deinem Geringen, mit Deinem schönen Wort mein opfervolles Tun.

Ach, wenn doch Deine Liebe sich nicht so felsenfest auf meine verlassen dürfte, wenn Du doch besorgter sein müßtest! Nun habe ich Dir die große Sicherheit geschenkt, und ernte die große Mißachtung. Vergiß doch bitte ja nicht, was ich für Dich getan habe, und vergiß auch nicht, was Du mir alles schuldest! Als ich an Deinem Herzen liegend des Fleisches Lust genießen durfte, da konnte die Welt zweifeln, ob hingebende Liebe oder selbstische Gier mich in deine Arme trieb. Nun bezeugt es das Ende, aus welchem Sinn heraus mein Lieben seinen Anfang nahm; auf alle Freuden dieser Welt habe ich verzichtet, um Deinem Willen gehorsam zu sein; ich habe alles vorbehaltlos dahingegeben und mir nur das Eine vorbehalten. Gerade durch diese Hingabe ganz die Deine zu werden. Und Du, Du, nimm es Dir zu Herzen, wie ungerecht Du bist: meine Leistung ist groß, Deine Gegenleistung ist nicht entsprechend, besser gesagt, sie ist ein Nichts, ein Garnichts und dabei ist es so wenig, was ich von Dir erwarte, und für Dich eine Kleinigkeit. Ich beschwöre Dich bei Gott, bei dem Gott, welchem Du Dich zum Opfer dargebracht hast, schenk mir Deinen Besuch, es gehe, wie es wolle, schreib mir doch ein paar Trostworte, ich will mich an ihnen aufrichten und Gott wieder fröhlich dienen können! Als Du mich zu den Freuden dieser Welt verlocktest, da durfte ich Dich empfangen in Briefen über Briefen, und ein Lied ums andere verkündete Deiner Heloisa Ruhm der ganze Welt. Heloisa klang es Straßen auf Straßen ab, und Heloisa klang es in jedem Haus. Müßtest Du nicht jetzt Gottes Liebe in mir wiederwecken, mit schönerem Recht, als Du vordem des Menschen Wollust in mir wecktest? Eine letzte feierliche Bitte: bedenke Du Deine Verschuldung und öffne Dein Ohr meiner Forderung ... Und ich beschließe einen langen Brief mit dem kurzen Gruß:

Einziger. Liebster, leb wohl!

DRITTER BRIEF

Heloise – seiner geliebtesten Schwester in Christo, Abaelard
– ihr Bruder in Christo

Seit wir uns von der Welt zurückgezogen, um Gott zu dienen, habe ich Dir noch kein Wort des Trostes und der Mahnung geschrieben! Die Tatsache, die Du so feststellst, ist richtig, ihre Deutung ist unrichtig; ich habe geschwiegen, aber nicht aus Gleichgültigkeit, sondern in meinem starken Vertrauen auf Deine eigene Klugheit. Wenn Gottes Gnade einer Frau im reichsten Maße alles geschenkt hat, was not tut, so durfte ich annehmen, sie brauche meine Briefe nicht. Und Du bist doch die Frau, die in Wort und Werk die Irrenden lehrt, die Kleinmütigen tröstet, die Schwachen aufrichtet; das ist bei Dir kein neues Können, Du hast es schon längst bewiesen, da Du als Priorin Deiner Äbtissin zur Seite standest. Wenn Du jetzt die gleiche liebevolle Sorgfalt für Deine Töchter hast, die Du ehemals für Deine Schwestern hattest, so ist das meines Erachtens genug; jede weitere Belehrung und Mahnung von meiner Seite wäre völlig überflüssig. Aber vielleicht denkst Du in Deiner Bescheidenheit darüber anders und möchtest mit religiösen Fragen meine kundige Feder bemühen; schreib mir Deine Anliegen, ich will sie mit Gottes Hilfe erfüllen!

Gott sei Lob und Dank, der bei Euch die Sorge einkehren ließ um meine beständigen schweren Gefahren, der Euch geradezu an meinen Anfechtungen teilnehmen läßt! Möchte die Fürsprache in Eurem Gebet es dazu bringen, daß der Gott der Barmherzigkeit mich in seinen Schutz nehme und „zertrete den Satan unter unsre Füße in kurzem"! Meine Schwester, die Du vordem in der Welt mir schon lieb warst, jetzt in Christo besonders lieb und wert bist, darum vor allem übersende ich Dir eilends den erbetenen Psalter. Aus ihm bringe dem Herrn ein immerwährendes Gebetsopfer, auf daß er mir meine vielen schweren Übertretungen verzeihe und mich beschütze in den Gefahren, die mich jeden Tag bedrohen! Bei Gott und seinen Heiligen vermag das Gebet der

Gläubigen viel, besonders das Gebet der Frauen für ihre Angehörigen und der Gattinnen für ihre Eheherrn; dafür haben wir Zeugnisse und Beispiele in Menge.

In den Schriften des alten und des neuen Bundes kannst Du es finden, die ganz großen Wunder der Totenerweckung sind allein oder doch vornehmlich den Frauen zugute gekommen, indem sie für die Frauen oder an den Frauen sich vollzogen. Zwei Totenerweckungen auf Bitten der Mütter erzählt uns das Alte Testament, Wunder, die durch Elia und seinen Schüler Elischa geschahen. Das Evangelium kennt nur drei Totenerweckungen durch den Herrn Jesus Christus, die alle drei den Frauen zugute kamen und so im Geschehnis selbst das oben schon zitierte Wort des Paulus bestätigen: „Frauen haben ihre Toten durch Auferstehung wiederbekommen." Am Stadttor zu Nain erweckte Jesus den Sohn der Witwe, so sehr ging ihm ihr Leid zu Herzen, und schenkte ihn seiner Mutter wieder. Lazarus, seinen lieben Freund, erweckte Jesus auf die flehentliche Bitte seiner Schwestern Maria und Martha. Auch als der Obersten einer von der Schule ihn sehr bat, da erwies er seinem Töchterlein dieselbe Gnade; und auch da bestätigte es sich: „Frauen haben ihre Toten durch Auferstehung wiederbekommen." Denn des Jairus Töchterlein empfing seinen eigenen Leib aus des Todes Nacht, so wie jene die Leiber ihrer Angehörigen. Und alle diese *Erweckungen zum Leben* geschahen auf die Bitten weniger Menschen.

So wird Euer vielfältiges frommes Gebet die *Erhaltung* meines Lebens leicht erreichen. Gott hat sein großes Wohlgefallen an der Armut und Keuschheit, die Ihr ihm zum Opfer gelobt und dargebracht habt, und darum werdet Ihr bei Gott ein gnädiges Gehör finden.

Doch, ich will jetzt die hochheilige Gemeinschaft Deines Klosters beiseite lassen, in dem viele fromme Jungfrauen und Witwen ihrem Herrn unablässig dienen, ich will jetzt zu Dir allein reden: ich bin überzeugt, daß Deine Frömmigkeit bei Gott viel vermag, und daß Du mir vor allem schuldest, was sie vermag, zumal jetzt schuldest, da ich in so großer Gefahr stehe. Gedenke in Deinem Gebet immerdar dessen, der Dein ist im wahrsten Sinn des Wortes, und halte mit voller Zuversicht an am Gebet!

Du weißt es Geliebteste, als ich noch unter Euch weilte, da hat Eure Gemeinschaft *im Gebet* ihre heiße Liebe für mich gezeigt. Jeden Tag habt Ihr als Abschluß jeder einzelnen Tagzeit dem Herrn ein Bittgebet für mich dargebracht. Jetzt bedarf ich der Hilfe Eurer Gebete ganz besonders: ich bin fern von Euch, und schwere Gefahr ängstet mich. Herzlich und inständig bitte ich Euch, laßt mich gerade jetzt in der Ferne erfahren, wie echt Eure Liebe gegen mich ist, indem Ihr für mich betet.

Läßt mich der Herr in die Hände meiner Feinde fallen, so daß sie mich überwältigen und töten, oder gehe ich sonstwie ferne von Euch den Weg alles Fleisches, so bitte und beschwöre ich Euch: wo immer mein Leib unter der Erde oder über der Erde liege, laßt ihn auf Euren Gottesacker überführen. Unsere Töchter, vielmehr unsere Schwestern in Christo Jesu, mögen sich dann durch den Anblick meines Grabes noch mehr ermuntern lassen, für mich Gebete zum Himmel emporzusenden. Ein christlicher Begräbnisplatz ist nirgends so schön wie bei frommen, Christus geweihten Frauen: Frauen waren es, die einst um das Begräbnis unseres Herrn Jesus Christus besorgt waren. Frauen waren es, die mit kostbaren Salben ihn im Leben und nach dem Tode salbten, Frauen saßen an seinem Grabe wehklagend. Frauen wurden auch zuerst mit der Auferstehungsbotschaft getröstet, ihnen erschien der Engel und redete sie an; alsbald wurde ihnen zuteil die Auferstehungsfreude: zweimal durften die Frauen den Auferstandenen schauen und durften ihn mit den Händen berühren.

Und nun zum Schluß die eine Hauptbitte:

Ihr macht Euch jetzt um meines Leibes Leben viel Sorge und Mühe. Sorgt dereinst auch um das Heil meiner Seele und laßt den Toten der helfenden Liebe genießen, deren sich der Lebende erfreuen durfte, steht dem Toten bei mit der besonderen Hilfe Eures fürbittenden Gebetes! Heil und Leben für Dich, für die Schwestern, Leben für alle!

Bittet Christus für mich!

VIERTER BRIEF

Ihrem Einziggeliebten nach Christus seine Einziggeliebte in Christus!

Zu meinem Staunen, Einziggeliebter, hast Du gegen die Briefform und gegen die Naturordnung verstoßen und mich in dem Einleitungsgruß vor Dir genannt: Du hast es gewagt, das Weib vor dem Mann zu nennen, die Gattin vor dem Gatten, die Magd vor dem Herrn, die Nonne vor dem Mönch und Priester, die Äbtissin vor dem Abt. Dabei ist es so in der Ordnung, und es gehört sich so, daß man in Briefen an Höherstehende oder Gleichstehende die Namen der Empfänger voranstellt, in Briefen an Niedrigerstehende den Namen des Absenders.

Doch nicht genug des Befremdenden: Du mußtest uns trösten, aber Du hast uns in die Trostlosigkeit hineingestoßen und hast die Tränen erst recht wieder fließen lassen, die Du trocknen mußtest. Keine von uns Nonnen kann es trockenen Auges lesen, wenn Du gegen Ende Deines Briefes schreibst: „Läßt mich der Herr in die Hände meiner Feinde fallen, so daß sie mich überwältigen und töten ...", die Worte gehen noch weiter, aber! Liebster, das nur denken, das erst aussprechen, wie hast Du das nur fertiggebracht?

Dich verlieren heißt, das eigene Leben verlieren: die Kraft fehlt mir, noch weiterzuleben, wenn Du von hinnen gehst. Ich mag nicht einmal mehr so lange leben! Schon daß Du von Deinem Sterben als von einer Möglichkeit sprichst, ist mein Tod. Die Wirklichkeit dieses Sterbens steht noch dahin; aber wenn sie an mich kommt! Dazu darf Gott nicht sein Ja sagen, niemals, daß ich Dich überlebe. Diesen letzten Gruß und Liebesdienst erwarte ich ganz bestimmt von Dir, das Eine darfst Du nicht von mir erwarten, in dem einen einzigen Fall will ich den Vortritt haben vor Dir und Dir nicht nachfolgen.

Meine inständige Bitte heißt Gnade, Gnade für Deine Einzigdichliebende! Erspare mir solche Worte; wie todbringende Schwerter läßt Du sie durch meine Seele gehen, daß noch schwerer als der Tod sei das Leben zuvor! Vor Kummer kann ich keine Ruhe mehr finden und kann meinem Gott mein Herz nicht aufrichtig erschließen, es erliegt in seiner Angst und Qual. So kann ich dem Herrn nicht mehr dienen, Du bist daran schuld, Du mußt auch helfen, Du vor allem hast mich zu des Herrn Dienerin gemacht! Wenn eine schwere, leidvolle Schickung sich nicht mehr abwenden läßt, dann können wir nur um ihr schnelles Kommen bitten; sonst quälen wir uns noch so lange vorher herum mit unserer zwecklosen Angst vor dem Ereignis, das keine Vorsicht uns ersparen kann. Wenn ich Dich verliere, dann habe ich nichts mehr zu hoffen. Wozu soll ich dann noch hier meine Pilgerschaft fortsetzen? Ich habe in dieser Welt nur einen Trost – Dich! Ich habe an Dir nur einen Trost – Dein Leben!

*

Alle anderen Freuden an Dir sind mir ja versagt, ja ich darf mich nicht einmal eines Besuches von Dir erfreuen, um so wenigstens manchmal mein Selbst in Dir wiederzufinden. O wenn ich es doch vor Gott verantworten könnte, ich sagte: Gott, wie grausam bist du zu mir überall! Du Barmherzigkeit, wie unbarmherzig bist du! Glück, wie unglücklich machst du! Alle Kraft des Schicksals, alle seine Pfeile sind an mir verbraucht, des Unglücks Wüten gegen andere ist darum waffenlos. Sein Köcher war voll, aber andere brauchen sich nicht mehr vor des Schicksals Angriffen zu ängstigen, ich war die Zielscheibe. Und wenn das Schicksal je noch einen Pfeil findet: den Fleck an mir findet es nicht, der noch ohne Wunde ist. Ich hätte sterben können und so die Qual enden, das mußte einzig die Sorge des Schicksals sein, einzig die Furcht, ich könnte den Tod sterben, den es mit seinem ewigen Quälen mich nicht schnell genug sterben lassen kann.

*

Ich Ärmste der Armen, ich Unglücklichste der Unglücklichen! Du hattest mich hochgehoben, Du hast mich über alle Frauen zu Ehren gebracht, und – so hoch ich gestiegen, so tief bin ich gestürzt, gestürzt an Dir und an mir zugleich. Denn je höher der Berg, desto schwerer der Sturz! Unter allen edlen und hohen Frauen war nicht eine vom Schicksal so begünstigt, daß sie über mir stand oder auch nur mir zur Seite! Also konnte das Schicksal auch keine so hinabschleudern und so im Leid sich verzehren lassen.

Von Deines Ruhmes Glanz hat das Geschick auch mir gespendet, mit Deinem Sturz hat es mir ihn entwendet. Im Übermaß hat das Geschick mir beschert, beides, Glück und Unglück. Um meiner Liebe Leid übersteigern zu dürfen, übersteigerte es zuvor meiner Liebe Seligkeit!

*

Zuerst genossen wir die Freuden einer verstohlenen Liebe, und unfein, aber deutlich gesagt, wir buhlten miteinander, und der strenge Richter im Himmel sah es ruhig mit an. Wir setzten verstattete Liebe an Stelle der verbotenen, wir deckten die schmachvolle Buhlerei mit dem Mantel einer ehrbaren Ehe, und Gott, der das unheilige Lager der Buhlerei zuvor solange geduldet, Gott sah das heilige Lager der Ehe nicht in Gnaden an und ließ in seinem Grimm die Hand schwer auf uns niederfallen.

Die Strafe, die Du erdulden mußtest, war Sühne genug für Männer, die sich bei schwerem Ehebruch betreffen ließen. Und Du mußtest für Deine Ehe die Strafe leiden, die andere für einen Ehebruch zu leiden hatten; dabei warst Du doch zuversichtlich in Deinem Glauben, durch diese Eheschließung alle vorherigen Verirrungen gutgemacht zu haben! Die eigene Ehegattin hat Dir die Strafe eingetragen, die sonst schlechte Frauen ihren Ehebrechern eintragen. Und das Unglück kam über uns nicht schon zu der Zeit, da wir nach unserer Heirat noch in altgewohnter Lust schwelgten; nein, wir hatten uns auf einige Zeit getrennt und führten ein keusches Leben: Du hieltest in Paris Deine Vorlesungen, und ich lebte auf Dein Geheiß bei den Nonnen in Argenteuil. Wir hatten uns also getrennt: Du wolltest für Deine Vorlesungen wieder mehr Eifer zeigen, und ich, ich wollte ungestört beten und in die Heilige Schrift mich vertiefen. Und gerade da, als wir so keusch und heiligmäßig lebten, gerade da fiel die Hand Gottes nieder und ließ Dich allein an Deinem Leibe büßen für das, was wir beide vordem gemeinsam gesündigt hatten. Die Schuld lag auf unser beider Haupt, die Strafe hat Dich allein getroffen, Du mußtest das Ganze bezahlen, ob Du schon den geringeren Teil geschuldet. Du erniedrigtest Dich selbst, um mir zu helfen, Du erhöhtest in mir mein ganzes Geschlecht, war das nicht eine Genugtuung über alles Erwarten? Da hättest Du keine Strafe mehr zu fürchten brauchen von Gott und erst recht nicht von den bösen Verrätern!

*

Die Liebesfreuden, die wir zusammen genossen, sie brachten so viel beseligende Süße, ich kann sie nicht verwerfen, ich kann sie kaum aus meinen Gedanken verdrängen. Ich kann gehen, wohin ich will, immer tanzen die lockenden Bilder vor meinen Augen. Mein Schlaf ist nicht einmal sicher vor solchen Trugbildern. Sogar mitten im Hochamt drängen sich diese wollüstigen Phantasiegebilde vor und fangen meine arme, arme Seele so ganz und gar; aus reinem Herzen sollte ich beten, statt dessen verspüre ich die Reizungen meiner Sinnlichkeit. Ich kann nicht aufseufzen – und müßte es doch –, daß ich die Sünden *begangen*, ich kann nur seufzen, daß sie *vergangen*.

*

Was wir beide getan, es ist in meiner Seele wie eingemeißelt: Ort und Stunde stehen mir sogar vor Augen, und immer bist Du dabei, ich erlebe alles wieder und wieder mit Dir, und selbst im Schlaf komme ich von den Erinnerungsbildern nicht los. Ab und an verrät mein Leib in seinen Bewegungen, wie es im Herzen aussieht, und ich rede, was ich nicht darf und doch nicht lassen kann. Ich armes Weib, wenn je eines arm war, wenn je eines miteinstimmen durfte in den Stoßseufzer eines bangen Herzens: „Ich elender Mensch, wer wird mich erlösen von dem Leibe dieses Todes?" O könnte ich doch aus ehrlicher Überzeugung diese Frage mit dem Apostel also beantworten: „Die Gnade Gottes hat mich erlöst durch Jesum Christum unseren Herrn!"

Diese Gnade, mein Geliebter, ist zu Dir gekommen, ohne daß Du um sie bitten mußtest; von dem Stachel der Sinneslust hat die eine Wunde an Deinem Leibe Dich befreit, hat dir zugleich geheilt die vielen Wunden an Deinem Herzen! Gottes Güte war Dir gerade da am nächsten, wo Du Gottes Zorn zu spüren glaubtest; auch ein guter Arzt schreckt nicht davor zurück, Schmerzen zu verursachen, kann er nur das Leben retten.

*

In mir drängt das Feuer der Jugend, ich habe zu viel gekostet die Freuden aller Freuden, und darum kann das brünstige Fleisch, die hochgepeitschte Lust nicht zur Ruhe kommen. Der umfassende Ansturm läßt mich erliegen, schwach wie ein Menschenherz, wie mein Menschenherz eben ist! „Wie keusch sie ist!" rühmen sie; sie haben die Heuchlerin noch nicht richtig erkannt! Die Reinheit meines leiblichen Lebens rühmen sie, sie sprechen von Tugend, aber Tugend meint nicht leibliche Reinheit, Tugend meint die Reinheit der Seele. Gewiß, vor Menschen habe ich einige Ehre: vor Gott verdiene ich keine, vor dem Gott, der Herz und Nieren prüft und der in das Verborgene schaut.

*

Beides, Böses lassen und Gutes tun, ist umsonst, wenn es nicht geschieht aus Liebe zu Gott.

Gott ist mein Zeuge, in jedem Abschnitt meines Lebens war es mein größtes Anliegen, Dich nicht zu verletzen; Dir zu gefallen liegt mir mehr am Herzen als Gott zu gefallen. Daß ich den Schleier nahm, es geschah nicht aus Liebe zu Gott, es geschah nur auf Dein Gebot. Sieh nur an, wie unglücklich ich bin, niemand lebt ein armseligeres Leben als ich, wofern ich in dieser Welt leide, und wie sehr leide, und in jener Welt keinen Dank ernten darf! Auch Du bist mit den vielen der Täuschung zum Opfer gefallen, hast echte Frömmigkeit und frommen Schein verwechselt. Kein Wunder, daß Du von mir forderst, was ich von Dir brauche, fürbittendes Gebet! Denk doch bitte nicht so hoch von mir, sonst hörst Du noch auf, meiner im Gebet zu gedenken, und halte mich nicht für gesund, um mir die Wohltat der Arznei zu entziehen! Du glaubst, ich brauchte nichts. Ach, laß mich nicht darum in der äußersten Not sitzen! Wenn Du mich für gesund hältst, dann breche ich Dir zusammen, ehe Du mich auffangen kannst. Falsches Lob hat schon vielen Menschen Schaden gebracht und Schutz und Schirm ihnen geraubt, wo sie sein bedurften.

Dein Lob ist mir lieb, aber es ist für mich gefährlich; ich lasse mich verlocken, ich lasse mir damit schmeicheln, da ich Dir in allem gefallen möchte. Ängstliche Sorge mußt Du um mich haben, nicht darfst Du auf mich bauen, um mich durch Deine sorgende Hilfe zu stützen. Und jetzt mußt Du Dich ganz besonders um mich sorgen, da meine Sinnlichkeit bei Dir keine Befriedigung mehr finden kann. Darum bitte, bitte kein Aufruf zur Tugend; rufe mich nicht in die Schranken zum Turnier mit dem Wort der Heiligen Schrift: „Meine Kraft ist in den Schwachen mächtig" und „Es wird doch nicht gekrönt, er kämpft denn recht!" Ich suche diese Siegeskrone gar nicht, ich bin es zufrieden, der Gefahr zu entgehen; einer Gefahr aus dem Weg zu gehen ist sicherer als den Kampf aufzunehmen. Gott mag mir in irgendeinem Winkel des Himmels ein Plätzchen anweisen, ich will damit zufrieden sein. Denn dort wird kein Mensch den anderen beneiden, ein jeder läßt sich mit dem genügen, das er hat. So ist mein fernerer Lebensplan. Ich will eine Autorität anführen, ihn zu unterstützen; der selige Hieronymus sagt: „Ich gestehe meine Schwachheit ein; ich will nicht in der Hoffnung auf Sieg kämpfen, um nicht den Sieg zu verlieren." Sollte ich Sicheres aufgeben, um Unsicherem nachzujagen?

Fünfter Brief

Der Braut Christi der Knecht Christi.

Soweit ich mich erinnere, sind es in Deinem letzten Brief vor allem vier Punkte, in welchen Du Deiner Erregung und Deinem Gekränktsein Worte geliehen hast.

Erstens beklagst Du Dich darüber, daß ich gegen die Briefform, ja gegen die natürliche Ordnung verstoßend, in meinem Brief an Dich Deinen Namen vor meinem Namen genannt habe.

Zweitens habe ich, statt Dir den pflichtgemäßen Trost zu spenden, in die Trostlosigkeit Dich gerade hineingestoßen, und habe, statt die Tränen zu trocknen, sie erst recht fließen lassen, indem ich schrieb: „Läßt mich der Herr in die Hände meiner Feinde fallen, so daß sie mich überwältigen und töten usw."

Drittens hast Du die alten, ewig wiederholten Klagen gegen Gott vorgebracht, wie er uns in seinen Stand hineingeholt habe und wie grausam der an mir begangene Verrat sei.

Schließlich hast Du Dich selbst verklagt im Widerspruch zu dem Lob, das Dir von mir geworden, und hast heftig darauf gedrungen, daß ein solches Lob inskünftig unterbleibe.

Ich habe mich nun entschlossen, Punkt für Punkt in meiner Antwort zu behandeln. Das geschieht nicht, um mich zu entschuldigen, das geschieht, um Dich zu belehren und aufzurichten.

Du sollst meine Anliegen gerne erfüllen und mußt deshalb zuvor ihre sachliche Berechtigung einsehen; Du sollst auf mich in Deinen Anliegen hören und mußt deshalb zuvor mich mit meinen Anliegen untadelig finden; Du sollst Dich scheuen, mich zu mißachten, und mußt deshalb sehen, daß ich keinen Vorwurf verdiene.

*

Zunächst die von Dir als verkehrt bezeichnete Reihenfolge der Namen in der Briefanrede: sieh genau hin, sie entspricht der Theorie, die Du selber in Deinem Brief vorgetragen hast!

Du hast da die an sich allgemein anerkannte Weisheit gelehrt, bei Briefen an Höherstehende müsse man deren Namen voranstellen. Und daß Du höher stehst als ich, das trifft zu, laß es Dir gesagt sein, seit Du meines Herrn Christi Braut geworden und damit meine Herrin. Das heiße ich einen glücklichen Tausch machen im Ehebündnis! Die vormals die Ehefrau eines schwachen, armseligen Menschen war, die ist jetzt aufgestiegen in die Hochzeitskammer des Königs der Könige, sie geht hochgeehrt nicht bloß dem seitherigen Eheherrn im Range voraus, sondern sogar allen Knechten des Königs. Es darf also nicht erstaunen, wenn ich für Leben und Sterben mich Eurem fürbittenden Gebet empfehle; es ist ja ein anerkannter Grundsatz, daß die Bräute bei ihrem künftigen Eheherrn mit ihrer Fürsprache mehr erreichen als das Gesinde, die Hausherrinnen mehr als die Knechte. Das Urbild einer solchen Herrin wird uns geschildert in jener Königin, der Braut des Königs der Könige, von der es im Psalm heißt: „Die Königin steht zu Deiner Rechten." Genauer gesagt bedeutet das: Sie hält sich ganz dicht an der Seite ihres Gatten, und neben ihm schreitet sie einher, während alle anderen in weitem Abstand sich aufstellen und nachfolgen.

*

Der zweite Klagepunkt: Ich habe Euch durch den Bericht von der Gefahr, in der ich schwebe, durch die Erwähnung der Möglichkeit des Todes in Aufregung versetzt. Daß ich dies erwähnt habe, geschah auf Deine ausdrückliche Bitte, um nicht zu sagen Beschwörung; in Deinem ersten Brief an mich heißt es nämlich: „Um des Christus willen, der bis jetzt noch gnädig die Wege gefunden, Dich für seinen Dienst zu erhalten, um seinetwillen bitten wir Dich flehentlich, Du wollest uns, die demütigen Dienerinnen Jesu Christi und – die Deinigen, oft mit zuverlässigen Nachrichten beglücken von den Stürmen, die Dein Lebensschiff noch immer auszuhalten hat. Wir wollen jedenfalls als Deine Einziggetreuen Leid und Freud mit Dir teilen dürfen. Geteiltes Leid ist halbes Leid, sagt man gewöhnlich, und jede Last hebt sich leich-

noch, setzt sich leichter ab, wenn sie auf mehrere Schultern verteilt ist." Was machst Du mir also für Vorwürfe, daß ich Euch an meinen Ängsten habe teilnehmen lassen? Du hast mich ja geradezu unter Beschwörungen dazu gezwungen. Schickt es sich etwa, daß Ihr bei der Verzweiflung am Leben, unter der ich zu leiden habe, in heiterer Unbekümmertheit zur Seite steht? Wollt ihr etwa nicht Genossinnen meines Schmerzes sein, sondern nur der Freude, wollt ihr nicht weinen mit den Weinenden, sondern nur fröhlich sein mit den Fröhlichen? Der tiefste Unterschied zwischen echten und falschen Freunden ist der, daß die echten Freunde in der Not zur Seite stehen, die falschen Freunde im Glück. Laß also bitte von solchem Gerede ab und hör auf mit diesen Klagen, die mit echter Liebe nicht das geringste zu tun haben.

Wenn Du aber immer noch daran Anstoß nimmst, so vergiß es nicht, ich schwebe in der größten Lebensgefahr und muß tagtäglich an meiner Rettung verzweifeln; da heißt es, sich um sein Seelenheil kümmern und für sein Seelenheil Sorge tragen, solange dazu noch Zeit ist. Wenn Du mich wirklich liebst, so wirfst Du nicht diesen Haß auf meine Todesvorbereitungen. Wenn Du Dir wirklich etwas für mich versprächest von seiten der göttlichen Barmherzigkeit, dann müßtest Du doch nur den einen Wunsch haben, ich möchte von den Mühsalen dieses Lebens endlich erlöst werden; daß sie für mich unerträglich geworden sind, das siehst Du ja.

Ein Freund kann mich noch so sehr beglücken durch seinen Besuch; darf ich ihn für den Preis seines Leids um mich haben, so mag er lieber fernbleiben und glücklich sein; und kann ich ihm in seinen Kümmernissen nicht helfen, dann will ich sie auch nicht mitansehen. Du darfst mich ja nun unter keinen Umständen in Deiner Nähe haben, nicht einmal wenn die Nähe des Unglücklichen keine Freude bringt. Deshalb sehe ich auch nicht recht, warum Du mich lieber im tiefsten Elend leben lassen willst als mir ein seliges Sterben gönnen, außer Du wolltest Deine Lust an mir büßen! Wenn aber das tatsächlich Dein Wille ist, um Deines Vergnügens willen mein Leid zu verlängern, dann bist Du erkannt, dann bist Du nicht meine Freundin, dann bist Du meine Feindin. Willst Du diesem Verdacht entgehen, dann hör bitte endlich auf mit solchem Klagen!

*

Du willst nicht gelobt sein! Einverstanden! Eine solche Ablehnung des Lobes macht Dich ja noch lobenswerter. Es steht auch geschrieben: „Der Gerechte klagt zuerst sich selbst an!" und „Wer sich selbst erniedrigt, der wird erhöhet werden!" Möchte es in Deinem Herzen auch wirklich so stehen, wie die Schrift sagt! Dann ist Deine Demut echt und kann vor meinen Lobesworten nicht erblassen. Aber, das frage ich Dich mit allem Nachdruck, suchst Du nicht gerade darin Deine Ehre, daß man Dich auch ja die Ehre fliehen sehe, und verwirft nicht bloß der Mund, was das Herz sich wünscht?

So ist es mit den Lobsprüchen, die uns die Menschen spenden; wir flüchten gewissermaßen vor ihnen, um sie gerade dadurch von neuem hervorzulocken; wir wollen uns angeblich verstecken, daß bloß niemand unsere guten Seiten entdecke, und bringen so die Toren dazu, uns zu rühmen, weil unsere Bescheidenheit uns so rühmenswert macht. Aber wie gesagt, ich erwähne diese Möglichkeiten nur, weil sie sich nicht ganz selten finden; ich traue Dir so etwas nicht zu, da mir Deine Demut über jeden Zweifel erhaben ist. Aber es kennen Dich nicht alle so gut wie ich. Darum meide den bösen Schein, Du wollest, mit Hieronymus zu reden, „äußere Ehre fliehen und gerade in der Flucht suchen", und unterlaß solche Äußerungen! Ein Lob aus meinem Munde macht Dich nicht eitel, es ruft Dich nur auf, an Deiner Vervollkommnung zu arbeiten. Ist es wirklich Dein Herzenswunsch, mir zu Gefallen zu leben, so gehst Du mit neuem Eifer an die Aufgaben heran, deren Bewältigung ich bei Dir anerkannt habe. Ein Lob aus meinem Munde ist noch kein Brief und Siegel auf Deine Frömmigkeit, daß Du nun etwa auf sie stolz zu sein brauchtest. Freundeslob und Feindestadel darf man beide nicht stumpf hinnehmen.

*

Und nun bleibt noch der eine Punkt zu besprechen. Es ist die alte Klage, die Du wieder und wieder erhebst. Du nimmst es Dir heraus, Gott zur Rede zu stellen über die Art und Weise unserer Bekehrung, statt ihm dafür den schuldigen Lobpreis darzubringen. Man darf nicht blind sein gegenüber dieser Gnadenführung unseres Gottes, und so hatte ich ganz fest geglaubt, Deine Bitternis habe sich vor der offenbaren Gnadenführung in das Nichts aufgelöst. Diese Bitternis ist eine schwere Gefahr für Dich, Dir zermürbt sie Leib und Seele, sie ist Dein Unglück und meine Qual. Du versprichst doch ganz klar und deutlich, Du willst mir in allem zu Gefallen leben; dann erfülle Dein Versprechen, quäle mich damit nicht mehr, sondern mach mir die eine große Freude und wirf diese Bitterkeit von Dir! Bleibst Du ihr verhaftet wie seither, so kannst Du mir nicht mehr gefallen und kannst auch nicht mit mir vereint zur ewigen Seligkeit aufsteigen. Du versprachst mir in die ewige Verdammnis zu folgen, und da willst Du es übers Herz bringen, mich zur Seligkeit allein gehen zu lassen? Versuch es doch, Dich darin wenigstens fromm in Gottes Willen zu ergeben! Sonst scheidest Du Dich selber von mir, wenn ich wirklich – Du denkst es jedenfalls – zu Gott eile! Diese Ergebung kann Dir nicht so schwer fallen; sie schließt Dir die Seligkeit des Himmels auf und läßt unsere Gemeinschaft werden zu einer Gemeinschaft des glücklichen Dankens.

Ich habe noch eine Feststellung, durch die ich Deinen bitteren Schmerz vielleicht lindern kann. Gerecht und heilsam ist die Prüfung, die uns getroffen. Gott hat seine Gerechtigkeit bewiesen, als er seine Strafe erst vollzog, da wir rechtmäßig verheiratet waren, und noch nicht, da wir miteinander buhlten! Als wir unseren Ehebund schon geschlossen hatten und Du in Argenteuil bei den frommen Schwestern im Kloster weiltest, da kam ich – Du erinnerst Dich daran – eines Tages heimlich zu Besuch. Du weißt es noch, was ich bei diesem Besuch in meiner gierigen Unbeherrschtheit mit Dir begangen – wir hatten ja sonst keinen Raum, in den wir uns zurückziehen konnten. Du erinnerst Dich noch, welch schändliche Dinge wir an diesem ehrwürdigen Ort trieben, der unter dem Schutz der heiligen Mutter Gottes steht. Auch wenn sonst nichts vorfiel, das allein rechtfertigt eine noch viel strengere Ahndung. Brauche ich Dich an die Buhlereien und an die häßlichen Besudelungen zu erinnern, die wir vor unserer Eheschließung uns zuschulden kommen ließen? Und dann dieser schwarze Verrat, mit dem ich Deinetwegen Deinen Oheim so schändlich betrog; und dabei war ich so lange sein Hausgenosse gewesen! Jeder muß es sagen, der Oheim hat recht gehabt, als er mich verriet, hat er doch nur Gleiches mit Gleichem vergolten.

Der vorübergehende Schmerz meiner Verwundung, der sollte eine ausreichende Strafe sein für meine schweren Verbrechen? Durfte ich denn für so viel Böses überhaupt noch so großes Heil erwarten? Wie schwer hätte, um dem Recht Genüge zu tun, der richtende Gott diese Schändung bestrafen müssen, die das Kloster der heiligen Gottesmutter durch uns erlitten! Wenn nicht alles trügt, dann büße ich diese Taten nicht so sehr mit meiner Verstümmelung – sie wurde mir ja zum Heil – wie mit den Verfolgungen, die ich jetzt täglich ohne Ende erfahre.

Du weißt es noch, als ich Dich während Deiner Schwangerschaft in meine Heimat schickte, da ließ ich Dich als Nonne im heiligen Gewand die Reise machen. Durch diesen Trug versündigte ich mich hohnvoll an Deinem jetzigen Stand. Wie richtig hat die göttliche Gerechtigkeit, besser gesagt die göttliche Gnade gehandelt, als sie Dich, wenn auch wider Deinen Willen, in *den* Stand versetzte, den zu verhöhnen Du Dich nicht entblödet hast. Gott wollte, Du solltest im Nonnengewande abbüßen, was Du am Nonnengewande gesündigt hast; Gott wollte durch den wirklichen Ablauf der Sache den Lug und Trug wiedergutmachen und sühnen.

Du weißt, in welche Schamlosigkeiten wir durch meine zügellose Gier gerieten. Ich wälzte mich geradezu wie ein Tier in diesem Morast, sogar in der Karwoche und an den höchsten Festtagen, ohne auf die mahnende Stimme des Schamgefühls und der Gottesfurcht zu hören. Ich ging sogar so weit, Dich durch Drohungen und Schläge des öfteren gefügig zu machen, wenn Du nicht mithalten wolltest, wenn Du Dich zur Wehr setztest, soweit es Deine schwache Kraft zuließ, und wenn Du, das schwache Weib, mich batest, einmal zu verzichten. Die Glut meiner Gier hatte mich mit Dir geradezu zusammengeschmiedet; ich dachte nicht mehr an Gott, ich dachte nicht mehr an mein besseres Selbst, so tief untergetaucht war ich in den armseligen Genüssen, die zu schmutzig sind, als daß ich sie ohne Erröten auch nur nennen kann. Gott wußte in seiner Barmherzigkeit für mich nur noch die eine Hilfe, mir diese sinnlichen Genüsse ein für allemal unmöglich zu machen. Und so war es Gottes gerechte, gnädige Fügung, den schnöden Verrat Deines Oheims zuzulassen; um in vielem anderen wachsen zu können, mußte ich das eine Organ verlieren, in dem meine Sinnlichkeit ihren Hauptsitz hatte und meine Gier ihren Ursprung. Ein Glied allein hatte an uns gesündigt; war es nicht gerecht, daß dieses Glied das Strafgericht traf, daß es in seinem Leiden gutmachte, was es in seinen Freuden begangen hatte? Das Messer, das meinen Leib traf, es befreite auch die Seele von dem Schmutz, in den ich geradezu schon versunken war. Keine Fleischeslust konnte mich inskünftig noch befallen, und so war ich für den heiligen Dienst am Altar erst recht befähigt. Gott ließ mich – und darin bewährte sich seine Milde – nur an dem Teil leiden, dessen Verlust meinem Seelenheil förderlich war und meine äußere Erscheinung nicht entstellte. Diese Einbuße hinderte die Verwaltung keines Amtes, ja sie machte mich sogar tauglicher zu jedem ehrbaren Tun, bei dem das Weiterbestehen dieser Sinnlichkeit nur als Erschwerung empfunden werden konnte. Gottes Gnade hat mich beraubt, nein, mich erlöst von diesen verächtlichen Organen – sie heißen einfach Schamglieder, weil man sie mit ihren eigentlichen Namen nicht nennen kann –; daß Gott mich von ihnen erlöst hat, das bedeutet doch nur, er hat den Lasterschmutz beseitigt, um so die Sittenreinheit zu retten.

Sünde und Gnade ist unser gemeinsames Erleben; auch

Deines Seelenheils hat der Herr nicht vergessen. Gottes Liebe hat mich gnädig umfangen und in mir auch Dich umfangen, so wie zuvor der Versucher in mir auch Dich zu verderben gedacht. Kurz bevor die Wendung eintreten sollte, hatte uns Gott durch das unlösbare Band des Ehesakraments miteinander verbunden. Ich gedachte, meine über alles Maß Geliebte für alle Zeiten zu behalten, Gott aber gedachte, diesen Anlaß zu benützen, um uns beide in seinen Dienst zu ziehen. Wären wir nicht zuvor schon rechtmäßig Mann und Frau gewesen, es hätte leicht dahinkommen können: ich zog mich von der Welt zurück, aber Du fandest den Weg nicht, der aus der Welt herausführte, mochtest Du nun auf das Zureden Deiner Angehörigen oder auf des Fleisches Lockung hören. Sieh es an, wie „der Herr aber für uns gesorgt hat", so gesorgt, als ob er noch Großes mit uns vorhätte, als ob er empört und bekümmert wäre, uns beide mit dem anvertrauten Pfund der Wissenschaft nicht besser zu seines Namens Ehre wuchern zu sehen! Bei der Unfähigkeit seines Knechtes, keusch zu leben, mochte er fürchten, was da geschrieben steht: „Weiber betören die Weisen", wie auch vom hochweisen Salomo nur zu sehr bekannt ist.

Wie reichlichen Zins bringt dem Herrn Tag für Tag das Pfund der Weisheit, das er Dir verliehen! Du hast ihm schon so viel geistliche Töchter geboren, ich aber muß ganz unfruchtbar bleiben und mühe mich mit den Kindern der Verderbnis ganz nutzlos ab. Es wäre doch ein betrüblicher, ein fluchwürdiger Verlust, wenn Du der Fleischeslust hingegeben mit Schmerzen wenige Kinder für die Welt gebären solltest, während Du jetzt mit Jauchzen eine vielfache Zahl für den Himmel gebierst. In der Welt wärest Du nur eine Frau, jetzt stehst Du sogar über den Männern und hast Evas Fluch in Marias Segen verwandelt. Diese heiligen Hände, die jetzt sogar die Bücher der Schrift aufschlagen dürfen, sie müßten in der Welt die niedrigsten Geschäfte einer Ehefrau verrichten.

Wenn ich nur die Gewißheit habe, daß Dein Verdienst wächst, so will ich nicht mehr darum klagen, daß mein Ver-

...nst schwindet. Eins sind wir beide in Christo und durch ...n Bund der Ehe „nicht zwei, sondern ein Fleisch". Was Dein ist, das ist, denke ich, auch mein. Dein ist aber Christus, dieweil Du seine Braut geworden. Und ich, ich wiederhole mein Geständnis, ich bin Dein Knecht, so wie ich vor Zeiten Dir als Herr gegolten habe; ich bin Dir jedoch mehr in geistiger Liebe zugetan als in Furcht und Zittern untertan. Darum habe ich dieses feste Vertrauen zu Deiner Fürsprache für mich, der Herr werde mir auf Dein Gebet schenken, was er mir auf mein Gebet nicht schenkt. Ich bin auf Deine Fürbitte jetzt in dieser Drangsal mehr als je angewiesen, da mir tagtäglich Gefahr und Anfechtung kaum Zeit gönnt zum Leben, geschweige denn zum Beten!

In Christo, lebe wohl, Du Braut Christi,
Lebe wohl in Christo, lebe für Christus!
Amen.

Sechster Brief

Ihrem unumschränkten Herrn seine insonderheit ergebene Dienerin.

Von Dir möchte ich in keinem Stück den Vorwurf des Ungehorsams hören. Deshalb habe ich meinem hemmungslosen Schmerz nicht mehr die Zügel schießen lassen, Du hattest es ja verboten; im Schreiben will ich die Worte meiden, die ich von Mund zu Mund überhaupt nicht meiden könnte – um ehrlich zu sein, sage ich gar nicht, ich könnte sie nur schwer meiden! Wir haben nichts so wenig in unserer Hand wie unseres Herzens Stimmung; wir müssen ihm gehorchen, statt daß wir ihm befehlen können. Wenn uns des Herzens Leidenschaften vorwärts peitschen, kann kein Mensch den ungestümen Trieb so fest beherrschen, daß er nicht doch leicht zur Tat wird, noch leichter sich in Worten Luft macht. Unsere Worte sind ja in solcher Lage nur zu bereit, der Leidenschaft Ausdruck zu verleihen, so wie die Heilige Schrift sagt: „Wes das Herz voll ist, des geht der Mund über." Ich will also meiner Hand verbieten zu schreiben, was ich zu sprechen meinem Mund nicht verbieten könnte. Wollte Gott, mein krankes Herz wäre auch so bereit zu gehorchen, wie es die Hand beim Schreiben ist!

Einen Beitrag zur Milderung meiner Krankheit kannst auch Du leisten; sie völlig zu heilen steht freilich nicht in Deiner Kraft. Wir Mägde Christi alle miteinander, Deine Töchter in Christo, wir bringen in aller Demut eine zweifache Bitte vor unseren geistlichen Vater; ihre Erfüllung erscheint uns ganz besonders dringend.

Die erste Bitte: Kläre uns darüber auf, wie der Stand der Nonnen entstanden ist und was das Wesen unseres Standes ausmacht!

Die andere Bitte: Arbeite für uns eine Regel aus und schick sie uns zu, eine Regel, die auf die besonderen Erfordernissen der Frauen Rücksicht nimmt und von Grund auf Einrichtung und Ausgestaltung unseres weiblichen Ordenslebens schildert! Soweit ich feststellen konnte, haben die heiligen Kirchenväter diese Aufgabe übersehen.

Eine für Frauen bestimmte Mönchsregel gibt es nicht. Die Folge davon ist die, daß jetzt bei der Aufnahme ins Kloster Männer und Frauen sich auf die gleiche Regel feierlich verpflichten, und daß man von dem schwachen Geschlecht dieselbe Strenge klösterlicher Zucht erwartet wie vom starken. Jedenfalls in der abendländischen Kirche verpflichten sich Männer wie Frauen gleichmäßig auf die Regel des seligen Benedikt, und dabei kann doch gar kein Zweifel darüber sein, Benedikt hat bei der Abfassung seiner Regel nur an Männer gedacht, und sie kann auch nur von Männern eingehalten werden, ob es sich um die Bestimmungen für die Oberen handelt oder um die für die Unteren. Um von den anderen Paragraphen der Regel für jetzt zu schweigen: was sollen Frauen anfangen mit den Bestimmungen über Kutten, Hose, Skapuliere? Was sollen Frauen mit den Vorschriften über Hemden und überhaupt Leibwäsche aus Wolle? Sie können doch wegen der monatlichen Reinigung wollene Wäsche gar nicht brauchen. Der Abt soll das Evangelium selber verlesen und danach den Hymnus anstimmen. Soll diese Bestimmung auch für die Frauen gelten? Der Abt soll mit Pilgern und anderen Gästen an besonderer Tafel essen. Soll das in Nonnenklöstern auch so gehalten werden? Entspricht es dem Wesen unserer Frömmigkeit, überhaupt keinen Männern Gastfreundschaft zu gewähren, oder darf die Äbtissin mit männlichen Gästen zusammen essen? Selbst wenn man Frauen allein beherbergt und an den Tisch zieht, auch dann ist da noch Gefahr, nur ist sie nicht auf den ersten Blick kenntlich. Wenn man eine Frau verführen will, so ist gerade eine Frau wie geschaffen zum Kupplerwesen, und den seelischen Schmutz lädt eine Frau am liebsten bei einer anderen Frau ab.

Dir fällt die Aufgabe zu, lieber Herre, solange Du das Leben hast, uns eine Regel zu schaffen, die unser Leben für die Dauer bestimmen soll. Denn Du bist nächst Gott der Gründer dieses Heiligtums, Du bist durch Gott der Pfleger unserer Gemeinschaft: Sei Du auch mit Gott der Ordner unserer religiösen Sitte! Vielleicht sollen wir nach Dir einen anderen Lehrer haben, der „einen anderen Grund legen" und darauf bauen möchte. Er möchte für uns weniger besorgt sein, und es möchte uns nicht so leicht fallen, auf ihn zu hören wie auf Dich: wenn er auch ein Gleiches will, er wird nicht ein Gleiches zu vollbringen die Kraft haben. „Rede, Herr, denn Deine Mägde hören." Leb wohl!

*Teresa von Ávila
und Jerónimo Gracián*

EINLEITUNG [1]

Spanien gegen Ende des 15. Jahrhunderts. Nach jahrhundertelangen Kämpfen ist die politische Einheit Wirklichkeit geworden und die Herrschaft der Katholischen Könige erlebt ihre Blütezeit. Die Vermählung von Isabella und Fernando (1469) und die damit verbundene Vereinigung der Königreiche von Kastilien und Aragón führte Spanien zum Höhepunkt seiner Macht und kulturellen Bedeutung. 1492 öffneten sich die Grenzen und Horizonte des eigenen Landes, und Spanien begann, nach der Vertreibung der letzten Araber von der iberischen Halbinsel, mit der Eroberung der neuentdeckten Länder auf der anderen Seite des Ozeans.

Gut zwei Jahrzehnte später kam am 28. März 1515 Teresa Sánchez de Cepeda y Ahumada in einer in Ávila ansässigen halbjüdischen Konvertitenfamilie zur Welt. Einundzwanzigjährig verließ sie ihr reiches und gebildetes Elternhaus, um im dortigen Karmelitinnenkloster zur Menschwerdung das Leben einer Ordensfrau zu führen. Rein vom Namen her blieb Teresa im Kloster die, als die sie geboren war. Für ihren Ordensnamen Teresa de Jesús sollte sie sich erst viele Jahre später entscheiden. Dieser Umstand ist eine allererste sichtbare Folge ihrer sogenannten „zweiten Bekehrung" im Jahre 1554, einem inneren Berührtwerden vom leidenden Christus also, das sich in einer umfassenden Änderung ihres kontemplativen und praktischen Lebens niederschlug. Eine Christuserfahrung und das Erkennungszeichen einer evangelischen Praxis sind übrigens die beiden Grundpfeiler aller christlichen Mystik. Für Teresa war damit der Startschuß für ihr Lebenswerk gefallen: nicht nur ihr eigenes, sondern auch das

---

[1] Grundlage der Einleitung ist der dritte Teil der Trilogie „Geistliche Freundschaften – Liebesbriefe hinter Klostermauern" von P. Andrés E. Bejas und Sabine B. Spitzlei, ausgestrahlt vom Südwestfunk am 1.11.1989.

Leben des „Ordens unserer Lieben Frau vom Berge Karmel", in der Kurzform meist „der Karmel" genannt, sollten sich von Grund auf wandeln. Aus der Tochter der „Beschuhten" wurde die Mutter der „Unbeschuhten", jenes eigenständigen Ordens des Karmel, der durch Teresas Reform entstand.

18 Jahre hatte Teresa in einem Karmel gelebt, der nur noch vom Namen her auf die ältere Tradition eines kontemplativen Lebens auf dem Berge Karmel in Palästina zurückwies, wo der Prophet Elias mit seinen Schülern ein kontemplatives Leben geführt hat. Von der eremitischen Atmosphäre des karmelitischen Geistes war in den Karmelklöstern *vor* Teresas Reform allerdings nichts zu spüren. Es ging dort zu wie in einem Taubenschlag, in dem sich das Leben zwischen den Gebetszeiten und den Plauderstunden im Sprechzimmer oder sogar bei Gönnern in der Stadt abspielte.

Von der Vision eines Lebens nach der ursprünglichen Regel gefangen, gründete Teresa 1562 in Ávila das kleine Kloster San José. Mit der Erlaubnis des Provinzials erkämpfte sie ihren Töchtern in den zwei Jahrzehnten bis zu ihrem Tod siebzehn Frauenklöster, in denen Klausur- und Lebensbedingungen die Sammlung und Stunden der Kontemplation ermöglichten, die das Zentrum des Karmel-Alltags bilden.

Die für dieses Buch wichtige und für das Leben Teresas entscheidende Begegnung war die mit Karmeliterpater Jerónimo Gracián. Wie Teresa war er hingerissen von dem Gedanken der Reform des Karmel, welche sie in einer gemeinsamen Lebensaufgabe einte.

Die Freundschaft der beiden nun fällt in die Jahre 1575 bis 1582 und demnach in *die* Jahre, in denen Teresa der Unruhe ihrer Gründungsreisen und Klosterstiftungen sowie dem harten Kampf gegen den traditionellen Karmel der „Beschuhten" ausgesetzt war. Bezeichnenderweise lernen sie sich „schriftlich", nämlich über die von Teresa niedergeschriebene Klosterregel des reformierten Karmel kennen, wie P. Gracián berichtet:

„Die Mutter Priorin des Klosters ‚De la Concepción' in Alcalá bat mich nach der heiligen Messe ins Sprechzimmer und fragte mich, ob ich ihr und den anderen Schwestern, falls sie es wünschen, die Beichte abnehmen könnte. Um diese Aufgabe so gut als möglich zu erfüllen, erbat ich von ihr ein Exemplar der Klosterregel. Sie reichte mir die Regel, die Mutter Teresa de Jesús verfaßt hatte. Damals hörte ich zum ersten Mal von ihr. Ich hielt einige Notizen zu den Statuten, die mir sehr gut gefielen, schriftlich fest und sandte sie per Brief an die Mutter Teresa de Jesús, die mir persönlich noch nicht bekannt war und von der ich ein Dankesschreiben zurückerhielt. Ich bin fest davon überzeugt, daß es ihr Gebet war, das mich bald darauf bewegte, in den Orden einzutreten, obgleich alle menschlichen Gründe dagegen sprachen."[2]

Dieses Aufbrechen eines in der Folgezeit immer intensiver werdenden Briefkontaktes führte schließlich zu einer ersten persönlichen Begegnung, über die die hl. Teresa im 24. Kapitel ihres autobiographischen Werkes, dem „Buche über die Klostergründungen" („Libro de las fundaciones") erzählt:

„Als ich mich in Beas aufhielt, besuchte mich Pater Jerónimo Gracián von der Mutter Gottes. Bis dahin waren wir uns noch nie persönlich begegnet, obwohl ich mir dies sehr gewünscht hatte. Wir hatten uns lediglich einige Male geschrieben. Ich war hocherfreut, als ich von seiner Ankunft erfuhr, denn es drängte mich sehr, seine Bekanntschaft zu machen, nachdem ich so viel Gutes über ihn gehört hatte. Noch größer jedoch war meine Freude, als ich ihn kennenlernte. Er gefiel mir nämlich so gut, daß ich den Eindruck hatte, diejenigen, die voll des Lobes für ihn waren, würden ihn gar nicht kennen. In diesen Tagen war ich so übervoll an Freude und Glück, daß ich über mich selbst staunte."

Die Begegnung mit Gracián scheint Teresa in zweifacher Hinsicht mitten ins Herz getroffen zu haben: zum einen bezaubert sie sein Wesen, das – darin dem ihren ähnlich – von der Liebe zu einem Leben in Vollkommenheit sowie von einer großen Sanftmütigkeit durchstrahlt ist. Zum anderen

---

[2] Die Texte von P. Jerónimo Gracián werden zitiert nach: Lorenz, Erika: Nicht alle Nonnen dürfen das. Freiburg, Basel, Wien, Herder 1983.

entdeckt sie seine Leidenschaft für die Reform des Karmel und damit den Mann, der ihr in dieser alle ihre Kräfte beanspruchenden Aufgabe zur Seite steht. In Jerónimo Gracián stößt Teresa auf den Menschen, mit dem sie durch das enge Band der Seelenverwandtschaft verbunden ist. Liest man P. Graciáns Beschreibung dieses Zusammenseins, das ausgefüllt war mit Gesprächen über die Zukunft des Ordens, dann schließt sich der Kreis: in Beas haben sich zwei Freunde gefunden, die im wahrsten Sinne des Wortes ein Herz und eine Seele sind: „Wir beklagten beide, daß wir im Herzen vereint, in unseren Aufträgen jedoch getrennt waren."

Jerónimo Gracián – wer war dieser Mann, der sich mit Teresa bereits über die Konstitutionen ihrer reformierten Klöster auseinandersetzte, ohne selbst überhaupt Karmelit zu sein? Es ohne Teresas Gebet vielleicht sogar niemals geworden wäre, wie er selbst meint.

Über Gracián ist wenig bekannt; Rivalitäten im Orden schufen ein Feindbild, das der Nachwelt nicht zur lebendigen Überlieferung geeignet schien. Was wir wissen, ruht zum überwiegenden Teil in den Briefen der hl. Teresa sowie in Beschreibungen und Erzählungen der autobiographischen Werke der beiden, für Teresa in dem „Buch der Klosterstiftungen", für Gracián in seiner „Pilgerreise des Anastasio" sowie in seinem „Dialog zwischen Angela und Eliseo". Demzufolge kam Jerónimo Gracián am 6. Juni 1545 in Valladolid, der damaligen Residenz des spanischen Hofes, zur Welt. Dreißig Jahre trennten ihn damit von der Frau, die sich in ihrem Herzen und in ihren Aufgaben von ihm ganz verstanden fühlen sollte. Graciáns Familie stand dem Hof nicht fern. Der Vater war Sekretär und Dolmetscher am Hof Philipps II., die Mutter entstammte einer polnischen Diplomatenfamilie. Die Wiege von Jerónimos hoher Bildung sowie seinem für die Reform so wichtigen diplomatischen Geschick im Umgang mit den „Beschuhten" und „Unbeschuhten" stand also offensichtlich in seinem Elternhaus. Das Paar hatte dreizehn Kinder, von denen fünf in ein Kloster der teresianischen Reform eintraten, darunter auch Jerónimo.

Allerdings führte sein Weg nicht schnurstracks in den Karmel. Der Vater hatte ihn, hochbegabt wie er war, als seinen Nachfolger und damit für ein Amt am Hof vorgesehen. Seit seinem 15. Lebensjahr war Jerónimo Student der „Freien Künste" an der Humanistenuniversität von Alcalá de Henares. Eine starke religiöse Neigung veranlaßte ihn, trotz körperlicher Labilität, zum Studium der Theologie, das er mit dem Titel eines Magister artium abschloß. Im Alter von 25 Jahren wurde Gracián 1570 zum Priester geweiht. Wie die vom Vater geplante politische Karriere zerschlug sich auch eine beginnende akademische Laufbahn. Gracián sollte keinen Doktorhut, sondern das Ordenskleid eines Karmeliten tragen. Ohne innere Kämpfe konnte er den Schritt in den Karmel jedoch nicht tun. In seinem Lebensbericht „Die Pilgerreise des Anastasio" schreibt er über seinen Ordenseintritt: „Fast 1½ Jahre hatte ich innerlich um diese Berufung gekämpft, keine geringe Qual war, denn alle natürlichen Gründe sprachen dagegen. Ich meine damit Mangel an Gesundheit, sei es konstitutionelle Schwäche oder Erschöpfung durch das Studium, Verpflichtung meinen Eltern und Geschwistern gegenüber... Der Konflikt brachte mich in einen Zustand, daß ich fast Gesundheit und Leben verloren hätte, so groß war meine Zerrissenheit."

Graciáns Sehnsucht nach einem Leben der Stille und Kontemplation im Dienste Gottes, das er in einem reformierten Karmel zu finden glaubte, erfüllte sich nicht. Im Gegenteil! Kaum drei Jahre im Orden, fand er sich bereits ohne eigenes Zutun, wohl aber durch den Einfluß Teresas, in Ämtern wieder, die ihn zum „Vater der Reform" werden ließen und ihn gleichzeitig mitten in die Schußlinie des Streites zwischen den „Beschuhten" und „Unbeschuhten" stellten: im Sommer 1575 wurde er vom päpstlichen Nuntius als Provinzialvikar, Apostolischer Visitator und Reformer für die „beschuhten" und „unbeschuhten" Mönche und Nonnen Andalusiens sowie Kastiliens offiziell bestätigt. Als Teresa Ende 1575 in Sevilla das „Aus" des Generalkapitels für weitere Gründungen ereilte (Vgl. Libro de las fundaciones, 27,19), war es Gracián, der als Provinzial Andalusiens den Beschluß unterlief und Teresa ihre Gründung in Sevilla abschließen ließ.

Ins Gerede, ja in gezielte Anfeindungen seitens der „Beschuhten" gerieten die beiden – besonders jedoch Gracián – nicht allein wegen ihres Reformeifers, sondern wegen ihrer persönlichen Verbindung, deren offenes Geheimnis Neid und Unverständnis hervorrief. Bereits im Noviziat im Karmel in Pastrana brachte Teresas Neigung Gracián in Bedrängnis. Ohne ihn überhaupt persönlich zu kennen, also allein aufgrund seiner Briefe, legte die Heilige ihren dortigen Töchtern ans Herz, dem jungen Novizen Fray Jerónimo so gehorsam zu sein, als stünde nicht er, sondern sie selbst vor ihnen. Daß und warum sich Gracián dadurch den Unwillen und das zukünftige Mißtrauen der Mitbrüder im Karmel einhandelte, erklärt er selbst:

„Es ist mir noch immer unklar, warum sich die Mutter zu einem Zugeständnis hinreißen ließ, wie es noch nie einem Mönch gemacht worden war. Die Patres dürfen in der Regel lediglich predigen und die Beichte abnehmen, zu anderem sind sie nicht befugt. Hier sehe ich ganz eindeutig den Grund all meiner späteren Schwierigkeiten und Leiden, die ich über das Noviziat hinaus erst recht in der Folgezeit im Orden hatte. Und ich kann sie gut verstehen: die Mutter war nämlich so heilig und alle ihre Nonnen liebten sie so sehr, daß es für jede schmerzlich gewesen sein mußte, von ihr einem Novizen übergeben zu werden, zumal sie dabei auch noch Ältere und Würdigere übersah. Die liebevolle Bevorzugung, die sie mir zukommen ließ, war für jedermann ersichtlich. Hier muß sie sich getäuscht haben, denn sie fügte mir dadurch große Schmerzen zu." Eine ganze Zeit später von P. Gracián vorwurfsvoll nach den Gründen seiner Bevorzugung gefragt, antwortete Teresa in der ihr eigenen, nicht immer sofort verständlichen, humorvollen Art, „daß jede Seele, wie vollkommen sie auch immer sei, ein Ventil braucht. Das können Sie ruhig mir überlassen und sagen Sie, was Sie wollen: ich denke nicht daran, die Art meines Verhaltens zu ändern."

Die erhaltenen Briefe der Heiligen an Gracián lassen verstehen, warum Teresa mit einem Lächeln über Graciáns Vorwurf hinweggehen kann. Teresa *darf* Gracián mit ihrer Liebe überschütten, ist die Heilige doch in keine persönliche Liebschaft verstrickt. Sie geht vielmehr den klaren Weg einer „geistlichen Freundschaft", die ihren Ursprung und ihr letztes Ziel in Gott hat. Teresas autobiographischen Schriften zufolge fällt ihr Eintritt in die unio mystica in *die* Zeit, als ihr Gracián begegnete. Für ihre Freundschaft zu Gracián bedeutet das, daß sie der Vereinigung mit Christus im Innersten ihrer Seele entspringt. Teresas Gottesverbundenheit allein ist der Antrieb für das freie Eingeständnis ihrer Liebe in dem wichtigen Brief von Dezember 1576, in dem sie dem Pater von allzuviel Offenheit hinsichtlich ihrer beider Freundschaft abrät.

Der Kontakt zwischen Teresa und Gracián war rege. Teresa holte sich ständig Rat bei Pater Gracián und unterstützte ihn durch ihre persönlichen Einsichten und Stellungnahmen. Wenn sie unterschiedlicher Meinungen waren, versuchte sie nicht selten, ihn mit einer bewundernswerten Mischung aus Humor und Selbstbewußtsein zu beeinflussen. Darüber berichtet Gracián:

„Es war oft der Fall, daß unsere Meinungen nach einer Besprechung auseinandergingen. Über Nacht aber konnte es geschehen, daß ich meine Haltung änderte. Wenn ich dann zu ihr ging und sagte, daß das, was sie vorgeschlagen hätte, richtig sei, dann lächelte sie. Auf meine Frage, was das solle, antwortete sie, der Herr habe ihr längst gesagt, daß ich mich ihrer Meinung anschließen würde. Würden ihre Oberen ihr das Gegenteil von dem, was sie für richtig erachte, befehlen, so würde sie die Angelegenheit mit dem Herrn so besprechen: ‚Herr, solltest auch Du das für richtig halten, was ich möchte, dann wende das Herz meines Oberen, damit er mir so befiehlt, daß ich ihm gehorchen kann.'"

Genauso selbstsicher und humorvoll ist die Heilige in den Briefen, in denen sie ihre Liebe und ihre Sorge um den Pater äußert. Ausführliche Zitate liefen hier auf überflüssige Wiederholungen hinaus, da sich an diese einführenden Bemerkungen Fragmente der Briefe der hl. Teresa an Pater Jerónimo Gracián anschließen. Zum besseren Verständnis der Briefe mögen die folgenden Klärungen dienen.

Teresas Briefe an Gracián

97 Briefe der hl. Teresa an Pater Jerónimo Gracián sind erhalten, wozu sich Beschreibungen und Erzählungen in den autobiographischen Werken gesellen. Die überlieferten Briefe wurden in einem Zeitraum von sieben Jahren geschrieben, und zwar zwischen 1575 und 1582. Dies schließt nicht aus, daß Teresa zahlreiche andere Briefe an Gracián verfaßte (und für viele gibt es ganz konkrete Hinweise). Für die damalige Zeit ist diese Häufigkeit ungewöhnlich, vor allem, wenn man bedenkt, in welchem Rhythmus sie geschrieben wurden: bisweilen schrieb die hl. Teresa tagtäglich an ihren Pater.

Der Weg dieser Briefe war sehr unterschiedlich. Manchmal wurden sie durch die „Hauptpost" geschickt, öfter aber mit Mitbrüdern oder persönlichen Boten, die durch die verschiedenen Klöster fuhren. Manchmal konnte die Heilige auch einen Brief in einem Konvent deponieren, wo Pater Gracián, unterwegs in Spanien, ihn persönlich abholte. Jedenfalls waren alle Wege unsicher, und niemand konnte garantieren, daß die Briefe nicht in falsche Hände gerieten und von Unbefugten gelesen wurden. Nicht zu vergessen ist zudem, daß damals die Inquisition (die „Engel", wie Teresa sie manchmal scherzhaft nennt) in Spanien sehr aktiv war.

Hinzu kommt, daß dieser Briefwechsel in den Jahren der großen Reform des Karmels stattfand, wo die Streitigkeiten zwischen „Beschuhten" und „Unbeschuhten" oft unvermutet hohe Wellen schlugen. Unter solchen Bedingungen ist es nicht abwegig zu vermuten, daß die Gegner der Reform großes Interesse daran hatten, Näheres über die Pläne und Projekte der mehrfachen Gründerin zu erfahren. Das steckt dahinter, wenn Teresa häufig anstelle der richtigen Namen Decknamen benutzt (Elisäus oder Paulus für P. Gracián, Josef für Jesus oder Lorencia und Angela für sich selbst), und warum sie auch immer in äußerster Diskretion handelt, was sie auch Gracián anempfiehlt.

Die Briefe sind in der Regel sehr lang, und die behandelten Themen decken ein breites Spektrum ab: Angelegenheiten des Ordens, gemeinsame Bekannte, neue Gründungen, Probleme in den bestehenden Klöstern, Reisen und Krankheiten. In der hier vorgestellten Sammlung haben wir Brieffragmente neu übersetzt, wobei das Kriterium unserer Auswahl der möglichst deutliche Ausdruck des Charakters dieser Freundschaft war.

Oft äußert Teresa ihre Sorge um Graciáns Gesundheit. Sie nutzt jede Gelegenheit, ihm zu empfehlen, auf sich acht zu geben. Wenn sie hört, er sei krank oder fühle sich schwach, erwachen all ihre mütterlichen Gefühle, und sie befiehlt ihm beinahe, sämtliche Verpflichtungen und Gewohnheiten zu meiden, die seine Gesundheit gefährden könnten. Sie geht sogar so ins Detail, daß sie ihren Pater genau darüber unterrichtet, was er hinsichtlich des Schlafens beachten sollte. Richtig Angst bekommt sie, wenn sie erfährt, Pater Gracián solle seines Amtes wegen Gebiete besuchen, wo es zu heiß ist oder die Cholera herrscht.

Ganz eindeutig zeigt sie auch ihre Liebe und Zuneigung für Gracián, was für niemanden ein Geheimnis blieb. Pater Gracián selbst ist es, der über dieses Privileg klagt (s. o.).

Bezeichnend, in einer Übersetzung aber kaum einzufangen, ist der Humor, mit dem Teresa einige Themen angeht, die in engem Zusammenhang mit Graciáns Leben stehen. Beispielsweise wenn sie befürchtet, Gracián könne sich bei einem Sturz von einem höheren als dem jetzigen Maultier verletzen, und ihm für den Kauf rät, eines zu erstehen, das ihn nicht abwürfe.

Von Pater Gracián selbst sind keine Briefe an die hl. Teresa erhalten. Womit mag dies zusammenhängen, wo doch die Frauenklöster in Spanien sich in der Aufbewahrung von Manuskripten, darunter unzählige Briefwechsel, hoch bewährt haben? Hat die Heilige diese Briefe vernichtet? Hat Gracián nach Teresas Tod um Rückgabe gebeten? Liegen sie noch immer unveröffentlicht in irgendeinem Archiv? All das sind nichts als Spekulationen. Tatsache jedenfalls ist, daß P. Gracián sich in seinen Schriften voller Bewunderung über Teresa geäußert hat.

Das erhaltene Briefmaterial aber läßt keinen Zweifel darüber zu, daß sich die beiden in ihrem Herzen innig verbunden wußten. Sie drückten dies zwar nicht mit der Bildhaftigkeit einer Thérèse von Lisieux aus oder mit der Leidenschaftlichkeit einer Heloise, daß ihre Seelen aber absolut vereinigt waren, ist eine unleugbare Realität.

Die persönliche und briefliche Beziehung von Teresa und Gracián war vielfach „beruflich" bedingt. Sie fühlten sich zum gemeinsamen Wirken berufen und beide trugen sie große Verantwortung für eine durchaus schmerzhafte Geburt, wie es die Reform des Karmels war.

Gemeinsame Aufgabe und gemeinsame Verantwortung wären aber zu wenig gewesen, wenn sie nicht von einer gemeinsamen, ja, gegenseitigen Liebe getragen gewesen wären, einer Liebe, die ihren Ursprung und ihr letztes Ziel in Gott hatte. Wenn das Charakteristikum der Dominikaner die Wahrheit ist, das der Benediktiner das Gotteslob und das der Franziskaner die Armut, dann ist das der Karmelitinnen und Karmeliten zweifellos die Liebe. Eine Liebe, die auf Gott gerichtet ist und sich „hinter Klostermauern" verwirklicht; eine Liebe aber, die einen solchen Grad der Reife erreichen kann, daß sie sich nicht scheut – und dafür ist die hl. Teresa selbst das maßgebende Beispiel –, sich einer Frau oder einem Mann liebevoll hinzugeben.

Am 4. Oktober 1582 starb Teresa auf einer ihrer Gründungsreisen in Alba de Tormes. Sie war 67 Jahre alt. 1580 hatte sie noch erlebt, daß der Papst den Unbeschuhten ein Trennungspatent ausgehändigt hatte, das ihnen eine eigene Provinz zugestand. Erster Provinzial wurde P. Gracián. Graciáns weitere Lebenswege waren verschlungen und trieben ihn aus dem Orden hinaus. Das Band zur heiligen Teresa jedoch konnte vom Tod nicht durchtrennt werden. In seinem Lebensbericht erzählt Gracián, der sich hinter dem Decknamen „Eliseo" verbirgt, von einem Gespräch mit „Angela", bei der es sich um keine andere als um Teresa handelt:

„Am Morgen des Allerheiligentages bat Eliseo Angela, daß sie sich niemals von seiner Seite entfernen möge, es tröste ihn so sehr! Sie antwortete: ‚Trenne du dich nicht von Gott, Eliseo, und da ich immer mit ihm vereint bin, werde ich auch mit dir sein.' Er sprach: ‚Du weißt, madre mia, daß ich mich oft fürchtete, als du noch in dieser Welt weiltest und ich vor dir zitterte, wenn ich in Versuchungen geriet. Mir schien schon damals, du sahest mir ins Innerste und wußtest alles, was meinen Geist bewegt.'"

BRIEFE [3]

Toledo, den 23. Oktober 1576

An meinen Pater, den Magister Jerónimo (P. Gracián) von der Gottesmutter, Prior von Los Remedios.

Die Gnade des Heiligen Geistes sei mit Ihnen, mein Pater. Heute erhielt ich drei Briefe von Ihnen durch die Post und gestern jene, die mir der Pater Alonso überbrachte. Der Herr hat mein langes Warten reich belohnt. Er sei allezeit dafür gepriesen, daß mein Pater bei guter Gesundheit ist.

Zuerst durchfuhr mich ein großer Schrecken und Sie können sich wohl denken, wie mir zumute war, als man mir die Umschläge der Priorin gab, und ich auf keinem von ihnen Ihre Schrift fand. Das änderte sich jedoch sehr schnell. Bitte schreiben Sie mir immer, welche von meinen Briefen Sie erhalten haben. Denn manchmal antworten Sie auf Verschiedenes mehrmals und dann vergessen Sie, das Datum anzugeben ...

Es hat mir leid getan, daß einige Ihrer Briefe verlorengegangen sind, und bedauerlicherweise sagen Sie mir nicht, ob die, die in die Hände von Peralta gerieten, von großer Bedeutung waren.

Diesmal sende ich Ihnen einen Eilboten.

Die Nonnen habe ich sehr darum beneidet, Ihre Predigten genießen zu dürfen. Scheinbar haben sie diese Gnade und ich nur Leiden verdient. Und trotzdem bitte ich Gott, mir weiteres Leid zu schicken ... Gott schenke Ihnen die Ruhe und die Heiligkeit, die ich Ihnen wünsche.

Ihre unwürdige Dienerin
Teresa de Jesús.

---

[3] Die folgenden Briefe wurden in Zusammenarbeit mit P. Andrés Bejas neu übersetzt nach der offiziellen spanischen Gesamtausgabe: Santa Teresa de Jesús: Obras Completas. Madrid (2) 1976.

Toledo, 18. Dezember 1576

An den Pater Jerónimo Gracián, Sevilla.

Die Zeit wird meinen Pater ein wenig um die Offenheit bringen, die Sie besitzen und die ich selbst zwar als Heiligkeit erkenne; doch wie der Teufel nicht will, daß alle heilig sind, so möchten die, welche böse und listig sind (wie ich selbst), jeden Anlaß vermieden wissen, der Sie ins Gerede bringen könnte. Ich selbst kann es mir aus verschiedenen Gründen zwar zugestehen, meinen Umgang mit Ihnen liebevoll zu gestalten, aber nicht alle Nonnen sind dazu fähig, so wie auch nicht alle Prälaten die Freimütigkeit meines Paters besitzen. Auch wenn Gott sie mit diesem Schatz beschenkt hat, so glauben Sie nicht, daß man diesbezüglich ungeteilter Meinung sein wird. Ich sage Ihnen, daß ich wahrhaft mehr Angst habe vor dem, was Ihnen die Menschen antun können als die Dämonen. Die Schwestern werden vielleicht meinen, daß sie all das machen dürfen, was sie mich tun sehen, und damit werden sie recht haben ...

Es ist wahr, daß ich in meinem Verhalten sehr vorsichtig und zurückhaltend geworden bin, seit mir im Orden Töchter anvertraut sind. Ich muß ja daran denken, da ich eben auch eine Sünderin bin, daß der Teufel sie durch mich versuchen könnte. Gott sei Dank glaube ich zwar, daß kaum schwere Vergehen an mir festzustellen waren, denn Gott hat mich davor bewahrt. Aber ich gestehe, daß ich mich doch bemühen müßte, meine Unvollkommenheiten (es sind derer so viele, daß sie sicher längst einige bemerkt haben) vor den Töchtern zu verbergen.

Dazu gehört auch die Liebe zu meinem Paulus (P. Gracián) und die Sorge um ihn. Ich muß ihm oft klar machen, was er für den Orden bedeutet, wenn ich ihn auch lieber mit solchen Vorhaltungen verschonen würde.

Wie lästig ich doch bin! Mein Pater, lassen Sie sich nicht stören durch das, was ich hier schreibe; wir haben beide eine schwere Last zu tragen und Gott und der Welt Rechenschaft abzulegen. Sie wissen ja, mit welcher Liebe ich Ihnen dieses sage und werden mir verzeihen, wenn ich Sie darum bitte, meine Briefe niemals in der Öffentlichkeit vorzulesen. Denken Sie daran, wie verschieden die Menschen mit den Dingen umgehen und daß die Geistlichen niemals Ihre Transparenz und Freimütigkeit haben werden. Es ist nämlich ein großer Unterschied, mein Pater, ob ich mit Ihnen spreche wie mit mir selber, oder wie mit anderen, und sei es die eigene Schwester. Auf keinen Fall jedoch wäre es gut, daß irgend jemand etwas davon erfährt; immerhin möchte ich ja auch nicht, daß jemand zuhört, wenn ich mit Gott spreche, oder daß man mich stört, wenn ich mit ihm allein sein will. Genauso ist es mit Pablo (Gracián) ...

*

Ávila, Oktober 1577

Ich sage Ihnen, Joseph (Jesus) hat recht, wenn Er Sie schlafen läßt. Diese Nachricht hat mich sehr gefreut, denn seitdem Sie Abschied genommen haben, habe ich Ihn inbrünstig eben darum gebeten und angefleht, weil ich diesen Schlaf für Sie notwendig hielt.

Anfänglich habe ich geglaubt, Er habe dies für mich gemacht, jetzt jedoch bin ich mir ganz sicher, daß das der Fall ist, da ich Ihn so flehentlich darum gebeten habe. Dieser Schlaf wird sie wenigstens von der Arbeit fernhalten. Trotzdem glaube ich, daß die Rast, die Sie sich nach der Matutin gönnen, nicht ausreicht. Denn ich weiß nicht, wie Ihr Schlaf genügen sollte, wenn Sie so früh aufstehen.

*

Ávila, den 14. Mai 1578

Jesus sei mit Ihnen, mein Pater. Ich hatte den beiliegenden Brief schon geschrieben und wollte ihn eben absenden, als die Unbeschuhten hier ankamen und mir Ihre letzten Briefe überbrachten. Ich kann Ihnen versichern, diese Briefe haben mich wieder gesund gemacht. Denn den Abend zuvor, als mich die Briefe aus Malagon erreichten, verstärkte sich meine Erkältung derart, daß es mich größte Mühe kostete zu lesen und zu schreiben. Ihre Briefe haben mich jedoch dermaßen erfreut, daß ich bereits jetzt eine große Erleichterung verspüre. Gott sei dafür gepriesen, daß er Ihnen Gesundheit schenkt zu Seiner Ehre und zum Heil so vieler Menschen. Mir ist dies ein unschätzbarer Trost. Trotz alledem wünsche ich mir, Sie wären hier.

Das Klima bei Ihnen muß Ihre Gesundheit sehr angreifen, da es dort schon so lange nicht mehr geregnet hat. Ich kann immer noch nicht verstehen, warum Sie es vorziehen, dort zu bleiben, anstatt hierher zu kommen ...

Die Angelegenheit mit Pater Anton ist nicht von Bedeutung. Es ist für mich aber unerträglich, wenn er mich tadelt, um dadurch meinen Paulus (P. Gracián) auch nur ein klein wenig angreifen zu können. Es macht mir jedoch nichts aus, wenn ich allein betroffen bin. Gott behüte Sie, mein Pater. Wie gnädig Er zu mir ist, daß er Sie trotz all Ihrer Arbeit so wohl genährt hat, wie mir die Padres berichteten.

Ihre wahre Tochter
Teresa von Ávila.

*

Ávila, den 14. August 1578

Die Gnade des Hl. Geistes sei mit Ihnen, mein Pater.

Wären Sie nicht hierher gekommen, so hätte mir all mein Leid nur zu einem geringen Verdienst gereicht, denn es war nicht sonderlich groß. Späterhin aber mußte ich alles auf einmal büßen. Bei Ihrem Anblick wurde ich von einer solchen inneren Zärtlichkeit erfüllt, daß es mir gestern, am Mittwoch, den ganzen Tag das Herz zerreißen wollte. Ich wußte mir in meinem Schmerz gar nicht mehr zu helfen und hatte auch einen triftigen Grund dazu, denn ich sehe, daß Ihnen überall Gefahr droht und Sie sich wie ein Verbrecher in der Dunkelheit verstecken müssen. Indessen verläßt mich jedoch keinen Augenblick lang die Hoffnung auf ein gutes Ende.

Wahrhaftig, mein Pater, der Herr hat das richtige Mitte[l ge]funden, mir Leiden zu bereiten. Gott hat genau den Punkt getroffen, mein Pater, wo ich am verwundbarsten bin.

Ihre unwürdige Untergebene und Tochter
Teresa de Jesús

*

Ávila, Mitte April 1579

Die Gnade des Hl. Geistes sei mit Ihnen, mein Pater. Er vergelte Ihnen die Freude, die Sie mir bereitet haben, durch die Hoffnung, Sie wiederzusehen. Diese Freude wird für mich groß sein, deshalb bitte ich Sie ganz herzlich darum, Ihre Reise so zu planen, daß dies auf jeden Fall möglich ist. Der Schmerz ist nämlich weniger heftig, wenn sich eine nicht erhoffte Freude zerschlägt, als wenn wir um eine erwartete Freude gebracht werden ...

*

Ávila, den 10. Juni 1579

An den Pater Jerónimo Gracián, Alcalá.

... Aus dem beiliegenden Brief werden Sie, mein Pater, ersehen, was man hinsichtlich der armen Alten (Teresa) beschlossen hat. Ich kann mich zwar täuschen, jedoch allem Anschein nach – und dies ist nichts weiter als eine Vermutung – wünschen es sich meine beschuhten Brüder mehr, mich weit entfernt von hier zu wissen, als daß das Kloster von Malagón meiner wirklich bedürfe. Dies hat mich ein wenig verdrossen, obwohl ich im Übrigen keinerlei Abneigung dagegen habe, nach Malagón zu gehen. Allerdings fiele es mir schwer als Priorin, denn ich bin jetzt für dieses Amt nicht geeignet, so daß ich fürchte, dem Herrn damit schlecht zu dienen. Beten Sie doch bitte für mich, daß ich stets eine treue Dienerin bleibe. Aber letztlich möge kommen, was da wolle – je größer die Prüfungen, um so größer der Lohn. Zerreißen Sie unter allen Umständen umgehend diesen Brief, mein Pater.

Es ist für mich ein wirklicher Trost zu wissen, daß Sie bei guter Gesundheit sind, wenn ich Sie auch bei der Hitze nicht gerne an diesem Ort sehe. Ach, mit jedem Tag, den sie fern sind von mir, fühlt sich meine Seele einsamer, wenn mir auch der Pater Josef (Jesus) immer nah zu sein scheint. So verbringe ich das Leben geziemend ohne weltlichen Trost und in ständigem inneren Schmerz. Sie selbst, mein Pater, scheinen schon gar nicht mehr auf dieser Erde zu weilen, nachdem Ihnen der Herr alles genommen hat, was Sie an diese Erde fesseln könnte, und Ihnen mit vollen Händen gegeben hat, was man für den Himmel braucht ...

Dem Pater Vikar habe ich von den Schwierigkeiten, das Priorat zu übernehmen, geschrieben, weil ich nicht regelmäßig am Gemeinschaftsleben teilnehmen kann. Ansonsten fiele es mir nicht schwer: um des Gehorsams willen ginge ich bis ans Ende der Welt. Ich glaube sogar, je mehr man von mir fordert, um so größer ist auch meine Freude, wenigstens etwas für diesen großen Gott tun zu können, dem ich so viel verdanke. Vielleicht dient man ihm sogar am besten, wenn man es aus reinem Gehorsam tut. Darum war ich auch meinem Paulus (Pater Gracián) mit Freuden gehorsam, was auch immer er mir befahl. Hier würde ich gerne noch manches hinzufügen, aber ich will damit lieber vorsichtig sein in einem Brief, zumal es sich um sehr innere Dinge handelt. ...

Gott schütze Sie, mein Pater, Amen, Amen. Gestern war der zweite Pfingsttag (im Original: „Ostertag"). Der meine ist noch nicht gekommen.

Ihre unwürdige Dienerin
Teresa de Jesús.

*

Valadolid, den 25. Juli 1579

Die Gnade des Heiligen Geistes sei mit Ihnen, mein Pater.

Seit der Ankunft des Briefboten war ich so beschäftigt, daß ich nicht geglaubt habe, diese wenigen Zeilen schreiben zu können, ohne dringende Anliegen zu vernachlässigen.

Von Dona Juana hörte ich, Sie seien krank, hätten einen Hautausschlag, und man wolle sie zur Ader lassen. Der Briefbote sagte mir jedoch, daß Sie wohlauf seien und gesund aussähen, was mir meine Sorgen genommen hat. Ich nehme an, es hing mit der Hitze zusammen. Ich selber habe mich davor gefürchtet. Deshalb sollten Sie, mein Pater, um der Liebe willen so kurz wie eben möglich in Alcalá bleiben ...

Die Priorin läßt Sie grüßen. Sie sagt, sie wolle Ihnen nicht mehr schreiben, solange Sie keine Antwort von Ihnen bekommt. Diesbezüglich übertrifft sie mich um ein Vielfaches an Verstand.

Ergebenst
Ihre Tochter
Teresa von Ávila.

*

Malagón, den 14. Januar 1580

An Pater Jerónimo Gracián, Alcala.

... Das Buch, von dem Sie mir sagen, daß es der Pater Medina abschreiben ließ, muß meiner Ansicht nach das große sein (die Autobiographie). Lassen Sie mich, mein Pater, wissen, was Sie darüber meinen, und vergessen Sie es bitte nicht, weil es mich sehr freuen würde. Sorgen Sie bitte dafür, daß es nicht verloren geht, da es sonst nur noch das Exemplar gibt, das die „Engel" (die Inquisitoren) in den Händen haben. Noch besser scheint mir allerdings das Buch, das ich später geschrieben habe (Die innere Burg), wenn auch der Pater Domingo Bañez sagt, daß es nicht gut sei. Zumindest hatte ich mehr Erfahrung, als ich es schrieb ...

behüte Sie. Wenn er mir eine Freude machen wollte, [...] er mich Paulus (Pater Gracián) sehen lassen. Will mir Gott diese Freude aber nicht schenken, so sei mir Kreuz über Kreuz willkommen.

Ihre unwürdige Dienerin und wahre Tochter
Teresa de Jesús.

*

Toledo, den 5. Mai 1580

An den Pater Jeronimo Gracián, Sevilla.

Die Gnade des Heiligen Geistes sei mit Ihnen, mein Pater. Gestern habe ich Ihre Briefe bekommen ... Gott sei Dank, daß es Ihnen gut geht. Ich hatte mich schon geängstigt, als ich erfuhr, Sie würden sich in der Gegend aufhalten, wo das Scharlachfieber herrscht.

Mein eigenes Unwohlsein ist schon vorüber, wie ich Ihnen ja schon geschrieben habe. Allerdings dauert meine Schwäche noch an, da ich einen schrecklichen Monat hinter mich gebracht habe. Mit Leiden vertraut, war ich die meiste Zeit auf den Beinen, ich glaubte nämlich, mein Übel werde auf diese Weise schnell vorübergehen. Freilich, ich dachte, ich würde sterben, obgleich ich das nicht so ganz glauben konnte, und es mir so ziemlich egal war, ob ich lebe oder sterbe. Daß mir Gott dies schenkt, halte ich für eine ganz große Gnade, weil ich mich nämlich gut entsinnen kann, wie groß früher meine Angst vor dem Sterben war ...

Auch wenn Sie mich nicht besuchen kommen, ist es für mich wie ein Geschenk, daß Sie mir sagen, Sie würden kommen, sollte ich es mir wünschen. Ich würde mich darüber sehr freuen, allerdings fürchte ich, unsere Brüder könnten es merken; außerdem würden Sie große Mühen auf sich nehmen, da noch ein langer Weg vor Ihnen läge. Ich tröste mich damit, daß Sie doch irgendwann einmal hierher kommen müssen, und ich wünsche mir von ganzem Herzen, Sie hätten dann einen ruhigen Tag, damit ich bei Ihnen Trost finden und mich mit Ihnen über meine Angelegenheiten austauschen könnte ...

Jetzt bleibt mir nur noch zu sagen, Gott möge Sie behüten und Ihnen das schenken, worum ich Ihn bitte.

Am 15. Mai, Ihre unwürdige Dienerin
Teresa de Jesús.

*

Valladolid, den 18. Juli 1579

An den Pater Jerónimo Gracián, Alcala.

... Ich möchte Ihnen von einer Versuchung erzählen, die mich gestern hinsichtlich des Elisäus (P. Gracián) befiel und die immer noch andauert. Mir scheint, als ob es ihm manchmal gleichgültig sei, in allem die volle Wahrheit zu sagen. Ich sehe zwar, daß er dies nur bei Dingen von geringfügiger Bedeutung tut; es wäre mir jedoch lieber, wenn er es diesbezüglich etwas genauer nehmen würde. Ich bitte Sie von Herzen, mein Pater, ein ernstes Wort mit ihm zu reden, denn wahre Vollkommenheit verträgt sich nicht mit solchen Nachlässigkeiten.

Sie sehen, ich mische mich hier ein, als hätte ich nichts anderes zu tun. Bitte, empfehlen Sie mich Gott, denn ich habe es sehr nötig. Er möge nun allein bei Ihnen bleiben, denn ich habe noch andere Briefe geschrieben und bin sehr müde.

Ihre unwürdige Dienerin
Teresa de Jesús.

*

Salamanca, den 4. Oktober 1579

An den Pater Jerónimo Gracián, Alcalá.

Die Gnade des Heiligen Geistes sei mit Ihnen, mein Pater! Angela (Teresa) konnte sich bisher noch nicht ganz von dem Verdacht befreien, den sie geschöpft hat. Dies verwundert nicht, denn sie findet nirgendwoanders Trost, und ihr steht auch nicht der Sinn nach einem anderen. Sie hat außerdem, wie sie selbst sagt, viele Prüfungen zu bestehen, und ihre Natur ist schwach, weshalb sie sich betrübt, wenn sie merkt, daß man ihr schlecht vergilt. Um der Barmherzigkeit willen bitte ich Sie, Pater, diesem Edelmann (dem P. Gracián) zu sagen, er möge doch eine gewisse Sorglosigkeit seines Naturells nicht auf sie anwenden. Denn die Liebe kann dort, wo sie herrscht, nicht solange schlafen. Aber lassen wir das.

Ihre Kopfschmerzen gehen mir sehr zu Herzen. Mäßigen Sie doch um Gottes Willen Ihren Arbeitsdrang, sonst werden Sie noch feststellen – wenn Sie sich nicht rechtzeitig darum bemühen – daß man diese Schmerzen nicht mehr los wird, auch wenn man es wollte. Lernen Sie, sich beim Arbeiten zu beherrschen, und lernen Sie aus der Erfahrung anderer. Hier handelt es sich um die Ehre Gottes, und Sie wissen doch genau, wie wichtig Ihre Gesundheit für uns alle ist ...

Pater Nikolaus grüßte mich von Ihnen. Ich wünsche mir jedoch, Sie würden nicht vergessen, mich dem Herrn zu empfehlen; denn Sie könnten ja möglicherweise so beschäftigt sein, daß Sie nicht mehr daran denken.

Meine Gesundheit ist zufriedenstellend. Die hiesige Priorin und die Schwestern empfehlen sich Ihnen, lieber Pater. Gott schütze Sie und lasse mich Sie wiedersehen. Es ist schon drei Uhr in der Nacht, und ich habe die Prim noch nicht gebetet. Heute ist der Tag des Heiligen Franziskus.

Ihre unwürdige Dienerin und Tochter.

*

Valladolid, den 4. Oktober 1580

An den Pater Jerónimo Gracián, Medina.

Die Gnade des Heiligen Geistes sei mit Ihnen, mein Pater. Ich fürchte, dieses kleine Maultier ist nicht das richtige für Sie, und ich meine, Sie sollten sich ein besseres kaufen. Wenn Sie zustimmen, könnte Ihnen jemand das Geld leihen, und wenn ich hier etwas bekomme, werde ich es Ihnen schicken. Was ich jedoch fürchte, ist, daß man ein Tier kauft, daß meinen Pater abwirft. Bei dem jetzigen kleinen Maultier macht mir das weniger Sorgen, weil es nicht so hoch ist. Handeln Sie, mein Pater, in allem, wie Sie es für richtig halten. Seien Sie nur nicht so zurückhaltend, denn dadurch quälen Sie mich zu Tode.

Ihre unwürdige Tochter
Teresa de Jesús.

*

Palencia, den 24. Mai 1581

An den Pater Jerónimo Gracián, Salamanca.

Der Heilige Geist sei mit Ihnen, mein Pater. Sehen Sie jetzt, wie kurz meine Freude war! Dabei hatte ich mir die Reise so sehr gewünscht, und ich mochte mir gar nicht vorstellen, daß sie ja auch ein Ende haben würde. Ich dachte jetzt daran, daß mir das auch früher so ging, wenn ich in Ihrer Gesellschaft reiste. Um Himmels willen! Mir scheint, ich fange an, verdrießlich zu werden! Ja, ich muß Ihnen sagen, Pater, mein Fleisch ist schwach, und so bin ich trauriger geworden, als mir lieb ist. Es war wirklich schlimm. Sie hätten doch Ihre Abreise wenigstens bis zu unserem Umzug verschieben können! Acht Tage mehr hätten doch nichts ausgemacht! Eine ziemliche Einsamkeit haben sie hier zurückgelassen.

Es ist wahr, ich schreibe Ihnen wenig Erfreuliches. Ich bin nicht dazu aufgelegt. Mir gereicht alles zum Überdruß, denn schließlich hat meine Seele niemanden mehr, der sie tröstet und leitet. Möge Gott das alles als Opfer annehmen, dann gibt es auch keinen Grund mehr zur Klage, wie tief auch immer der Schmerz ist. O mein Pater, preisen Sie Gott, der Sie so schuf, daß jeder Sie gerne hat! Niemand vermag diese Leere auszufüllen, die Sie hinterließen, und der armen Lorencia (Teresa) wird alles zur Last. Sie bittet sehr um Ihr Gebet. Sie sagt, daß nichts ihr die Ruhe und den Frieden wiedergeben könne, es sei denn Gott und jemand, der sie so versteht wie Sie, mein Pater. Alles übrige wird ihr zu einem so schweren Kreuz, wie sie es niemandem wünschen möchte.

Auch Ana de San Bartolomé ist sehr traurig. Sie empfiehlt sich Ihrem Gebet. Geben Sie uns bitte Ihren Segen und empfehlen sie uns sehr seiner Majestät. Er behüte und geleite Sie, Amen.

Ihre unwürdige Dienerin und Tochter
Teresa de Jesús

*

Burgos, den 25. Juli 1582

An Pater Jerónimo Gracián, La Roda.

Die Gnade des Heiligen Geistes sei mit Ihnen, mein Pater. Bisher habe ich noch keine Antwort erhalten auf die Briefe, die ich Ihnen durch einen eigenen Boten geschickt habe. Ich erwarte sie sehnsüchtig, um zu erfahren, wie es Ihnen gesundheitlich geht.

Etwas jedoch tröstet mich, nämlich daß wir bis jetzt beinahe ständig kühles Wetter hatten. Ich hoffe, daß dort, wo Sie sich aufhalten, die Hitze nicht so drückend ist, wie sie es sonst zu sein pflegt. Gott füge alles so, wie Er es für richtig hält. Ich meine aber, es ist nicht gut, daß Sie bei diesem Wetter unterwegs sind. Wir würden von einer Last befreit, wenn wir öfters von Ihnen hören würden.

Es ist mein innigster Wunsch, daß sie sich nicht in Sevilla aufhalten, ja, daß Sie nicht einmal mit dem Gedanken spielen, dorthin zu reisen, ganz gleich, wie notwendig es auch immer wäre. Dort wütet nämlich die Pest. Um der Gottesliebe willen unterliegen Sie auf keinen Fall der Versuchung, dorthin zu reisen. Dies wäre unser aller Untergang oder zumindest der meine. Gott hat Ihnen zwar die Gesundheit geschenkt, deren Gefährdung aber genügt, um mir die meine zu rauben ...

Gott bewahre Sie, mein Pater. Am liebsten würde ich nie aufhören, Ihnen zu schreiben. Mit meinem Hals geht es einigermaßen, jedenfalls nicht schlechter als sonst. Und das ist schon viel. Im Übrigen geht es mir sehr gut. Machen Sie sich keine Sorgen wegen meines Leides, weil es mir gut tut, etwas aus Liebe zu ertragen. Dies bin ich Gott und seiner Gnade schuldig. Gestern hatten wir das Fest des hl. Johannes. Unseren Freunden geht es gut.

Ihre Dienerin und Untergebene
Teresa de Jesús.

*

Valladolid, den 1. September 1582

An den Pater Jerónimo Gracián, Sevilla.

Die Gnade des Heiligen Geistes sei mit Ihnen, mein Pater. Auch häufiges Schreiben reicht nicht mehr aus, um mir den Kummer zu nehmen, wenn es mich auch erleichtert zu wissen, daß es Ihnen gut geht und das Klima dort gesund ist. Wolle Gott, daß es so bleibe! Soviel ich übersehen kann, habe ich alle Ihre Briefe erhalten.

Die Gründe für ihren Entschluß zur Reise haben mich nicht überzeugt, denn die Studienordnung so wie die Anweisung, nicht mehr die Beichte der Beamtinnen zu hören, hätten auch von hier aus ergehen können. Zwei Monate Wartezeit würden den Klöstern dort nichts ausmachen, wenn Sie inzwischen hier alles geordnet hätten. Ich verstehe den Grund Ihrer Abreise nicht, doch empfinde ich Ihre Abreise unter den gegenwärtigen Umständen so sehr, daß mir die Lust vergangen ist, Ihnen zu schreiben. So unterließ ich es bis jetzt, wo ich dazu gezwungen bin. Heute ist Vollmond, ich hatte eine schlechte Nacht, doch denke ich morgen, wenn der Vollmond vorüber ist, wird auch meine Indisposition vergehen.

Nach meiner Ankunft hier hat man mir erzählt, daß Sie nicht gerne einen Mann von Format an Ihrer Seite sehen. Ich weiß sehr wohl, daß Sie tun, was Sie können. Aber wenn demnächst das Kapitel zusammentritt, möchte ich nicht, daß man Ihnen einen Vorwurf machen kann. Bedenken Sie das um Gottes willen und auch, was Sie in Andalusien predigen! Es gefällt mir gar nicht, Sie lange dort zu wissen. Was sie mir vor wenigen Tagen erzählten von dem, was einige dort durchmachen mußten, läßt mich bitten, Gott möge mir den Kummer ersparen, daß ich Sie in ähnlicher Situation sehen müßte. Und Sie sagten es ja selbst, der Teufel schläft nicht. Zumindest müssen Sie mir glauben, daß, solange Sie sich dort aufhalten, ich mich in Sorge verzehre.

Wenn Sie auch nicht oft predigen, flehe ich Sie doch an, sehr auf das zu achten, was Sie sagen.

Über den Gang der Dinge in Salamanca gibt es viel zu berichten. Ich darf wohl sagen, daß ich schlimme Stunden damit verbracht habe, und wolle Gott, daß alles gut endet.

Ich muß Ihnen gestehen, daß die Priorin mich ausgetrickst hat. Sie ist ein typisches Weib: handelt einfach und tut, als besäße Sie bereits Ihre Erlaubnis. Dem Rektor dagegen erzählt Sie, sie sei von mir beauftragt, obwohl ich von dem Verkauf weder etwas erfahre noch ihn für richtig halte, wie Sie ja wissen. Und mir sagt sie, der Rektor handle auf Anweisung meines Paters. Das alles ist ein Intrigenspiel des Teufels, und ich weiß nicht, auf was es sich stützt, denn die Priorin lügt nicht, sondern verliert ihre Vernunft an den großen Wunsch, dieses unselige Haus zu besitzen. Sie hat den Kauf mit solcher Eile durchgezogen, daß ich das für Absicht halte, damit ich nichts davon erfahre. Beiliegender Brief zeigt Ihnen, daß die Kosten sich mit den Gebühren auf 6000 Dukaten belaufen. Es sagen aber alle, das Haus sei nicht mehr als 2500 wert. Wie reimt sich das zusammen, daß arme Nonnen ein solches Verlustgeschäft machen! Und das Schlimmste ist, daß sie das Geld nicht einmal haben. Mir kommt es vor, als sei alles eine Manipulation des Teufels, um das Kloster zu verderben.

Mein Pater, um Gottes Willen, seien Sie vorsichtig in allem, was Sie tun. Und trauen Sie niemals Nonnen, die Ihnen – das kann ich wirklich sagen – tausend Dinge vorspiegeln, um eine Sache zu bekommen, die sie unbedingt haben wollen. Es wäre viel besser, Sie würden sich ein kleines Haus kaufen, wie es Armen entspricht, und dort in Demut einziehen, als daß sie sich derartig verschulden. Wenn mich, mein Pater, gelegentlich an ihrer Abreise auch etwas freuen kann, dann ist es, Sie von allen diesen Unannehmlichkeiten frei zu wissen, die ich viel lieber allein auf mich nehme.

In Alba de Tormes hat man es sich sehr zu Herzen genommen, daß ich schrieb, ich sei verärgert und würde bald dorthin kommen. Gut so!

Ach, Pater, in welcher Bedrängnis sah ich mich in diesen letzten Tagen, aber nun ist alles wieder gut, weil ich weiß, daß Sie gesund sind. Meine Empfehlungen an die Mutter Priorin und alle Schwestern. Ich schreibe ihnen nicht, weil sie ja durch diesen Brief von mir erfahren. Ich bin froh, die Schwestern gesund zu wissen und bitte sie, meinen Pater zwar nicht zu verwöhnen, aber gut zu pflegen.

Grüßen Sie den Pater Johannes vom Kreuz! Auch Schwester Ana empfiehlt sich Ihnen. Der Herr behüte Sie, ich bete sehr darum. Er bewahre Sie vor Gefahren, Amen. Heute ist der erste September.

Ihre ergebene Dienerin und Untertanin
Teresa de Jesús.

*Bernhard von Clairvaux
und die Zisterzienser*

EINLEITUNG

„Könnte ich doch nur vor Dir genau wie diesen Brief mein Herz auseinanderfalten! Wenn Du doch in meinem Herzen lesen könntest, was Gott mit seinem Finger darin an Liebe zu Dir hingeschrieben hat!" Tiefe Sehnsucht ist die treibende Kraft dieser Zeilen eines Briefes voller Zärtlichkeit und Liebe, der in der ersten Hälfte des 12. Jahrhunderts an die Gräfin Ermengard von der Bretagne gesandt wurde und als dessen Absender man eher einen Dichter der Romantik erwarten mag als einen der Großen der Kirchengeschichte: den hl. Bernhard von Clairvaux. Das Schreiben sprengt alle sprachlichen Konventionen, die gemeinhin und allzu voreilig mit einem klösterlichen Leben verbunden werden, ist es doch alles andere als „blutarm", sondern vielmehr Spiegelbild einer Liebe zu einem ganz konkreten Du: „Geh in dein eigenes Herz: dann siehst Du das meine. Stelle Dir vor, daß die ganze Liebe, die Du darin für mich spürst, genauso in meinem Herzen für Dich lebendig ist." Der Skeptiker mag sich fragen, ob diese Sätze nicht aus ihrem ursprünglichen Kontext und damit aus ihrem Sinnzusammenhang herausgerissen wurden, wodurch der eigentliche Gedankengang manipuliert wurde. Weit gefehlt! Die einleitenden Zeilen entspringen einer Strömung der Spiritualität des 12. Jahrhunderts, die die zwischenmenschliche Liebe und die Freundschaft sehr hoch geschätzt hat – und dies ausgehend von und einmündend in die Liebe zu Gott.

Innerhalb dieser sogenannten „monastischen Theologie" ist der hl. Bernhard gleichsam die Spitze eines Eisberges von Ordensleuten, die sich in ihren Predigten und Hoheliedkommentaren die genannten Themen zu eigen gemacht haben: die Zisterzienser.

Bernhard von Clairvaux wurde 1090 in Fontaines in der Nähe von Dijon geboren. Mit dem Tod der Mutter setzte eine Hinwendung zum religiösen Leben ein, die ihn 1112 als Zweiundzwanzigjährigen zum Eintritt in das Kloster von Citeaux bewegte.

Citeaux (lat. „Cistercium" / das „Neue Kloster", von daher auch der Name „Zisterzienser") ist untrennbar verbunden mit der 1098 ins Leben gerufenen Reform des Ordens der Benediktiner. Eine kleine Gruppe von Männern unter dem Abt Robert von Champagne trennte sich von dem bis dahin richtunggebenden monastischen Lebensstil der Benediktiner von Cluny, um zurückzukehren zu einem Leben nach der ursprünglichen Regel des hl. Benedikt.

Trotz seiner schwachen Gesundheit – Bernhard litt an Blutarmut und an einer Magenkrankheit – sandte ihn der 3. Abt von Citeaux, Stefan Harding, drei Jahre nach seinem Ordensantritt 1115 an der Spitze einer Gruppe von 12 Mönchen aus, in der Champagne das Kloster von Clairvaux zu gründen. Von Clairvaux aus ging Bernhard seiner Tätigkeit als Prediger nach und wurde so berühmt, daß der Name dieser Abtei sich untrennbar mit seiner Person verbinden sollte. Seine gewinnende und faszinierende Art trug mit dazu bei, daß die Zahl der Mönche in Clairvaux rasch anwuchs und von dort aus Tochtergründungen unternommen werden konnten. Der Abt Bernhard selbst gründete 64 Klöster, deren Grundlinie in der Spannung zwischen dem Verlangen nach Einsamkeit und einer wachsenden Inanspruchnahme durch vielfältige Aufgaben lag.

Bernhard besaß ein feinsinniges Naturell, dem die Offenheit für das Mysterium eigen war sowie die Gabe der Menschenführung, was sich auch in seiner für die damalige Zeit regen Korrespondenz niederschlug. Er war ein Kämpfer von großer Radikalität, der nicht eine Sekunde zögerte, wenn es darum ging, dem Mönchsideal der Zisterzienser Sprache zu verleihen gegen die Mönche von Cluny. In diesem Zusammenhang verfaßte Bernhard auf Bitten Wilhelms von St. Thierry 1129 eine „Apologie", die sein Ansehen bei vielen Ordensgemeinschaften der damaligen Zeit stärkte.

Zwischen 1130 und 1145 durchlebt er Jahre intensivster kirchenpolitischer Tätigkeit. Päpste und Kardinäle, Äbte und Theologen zählten ihn damals zu ihren Freunden oder Gegnern.

In allen seinen Werken und Disputationes (Auseinandersetzungen) tritt das Charisma eines außergewöhnlichen Menschen zutage: begeistert von der Gottesliebe, sanft und radikal, zerbrechlich und dennoch stark, aktiv und kontemplativ zugleich, mystisch begnadet, uneigennützig und oft unversöhnlich, empfänglich für Freundschaft, aber entschieden kämpfend gegen seine Gegner. Fortschrittlich hinsichtlich der Verteidigung der Meinungsfreiheit, versuchte Bernhard in seinem eigenen Leben zu verwirklichen, was er in seinen Predigten und Werken verkündete. Seine Theologie und geistliche Lehre legte Bernhard in zahlreichen Predigten, Abhandlungen und Kommentaren zu einzelnen Büchern der Heiligen Schrift vor.

Bernhard übte großen Einfluß auf die gesamte Entwicklung der monastischen Bewegung aus, die in Citeaux ihren Anfang genommen hatte. Deren markantesten Kennzeichen waren eine enge Verbindung von Grammatik und Literatur, Philosophie und Dichtung, Theologie und Kunst, Spekulation und Kontemplation. Alles entsprang einer tiefen Vertrautheit mit der Heiligen Schrift, was zweifelsohne der eindrucksvollste Charakterzug des Theologen und Schriftstellers Bernhard von Clairvaux ist. Ein Meisterwerk der spirituellen Theologie und gleichsam ein Schlüssel für die monastische Theologie des 12. Jahrhunderts ist seine Zusammenstellung von 86 „Sermones super Cantica Canticorum" (Auslegung des Hohenlieds bis Hld 3,1). Voller Kraft und Leidenschaft geschrieben, zögert Bernhard nicht, einige Regeln der traditionellen Rhetorik zu verlassen und ungewohnte Wege der Auslegung zu suchen, wenn er das Verhältnis von Liebendem und Geliebter auf Christus und die Seele deutet. Sein Stil spart nicht mit Polemik, zeigt aber gleichzeitig eine große Sensibilität und poetische Begabung.

Das Thema der Menschwerdung des Wortes Gottes zum Heil der Menschen durchdringt seine ganze Theologie und entfaltet sich als ein Spiel von Dogma und gelebtem Glauben, theologischem Denken und mystischer Reflexion. Dieser herausragende theologische Ansatz beeinflußte in der Folge die ganze zisterziensische Spiritualität. So verdankt die Reform der Zisterzienser dem hl. Bernhard ihre inhaltliche und theologische Gestalt.

Von der Liebe begeistert

Wie aus der folgenden Textauswahl hervorgeht, hatte die Freundschaft und die Liebe unter den Menschen einen hohen Stellenwert in der zisterziensischen Theologie. Letzterer fehlt der spekulativ organische Charakter; ein neuer Begriff rückte in den Mittelpunkt: die *experientia,* die persönliche Erfahrung der Begegnung von Gott und Mensch. In den Schriften der Zisterzienser tritt uns die geistig religiöse Erregtheit des 11. und 12. Jahrhunderts entgegen, die in bislang unbekannter Intensität das Verhältnis zwischen Mensch und Gott in der Spannung der persönlichen Liebesergriffenheit neu erfährt.

Die Zisterzienser sind verliebt in die Liebe (amor). Alles geistige Erkennen ist für sie unlöslich mit der Liebe verbunden. Die Liebe ist für sie der Weg schlechthin, sich Gott und den Menschen zu nähern. Die Liebe ist ein schwelender Brand, der immer wieder entflammt zur hochzeitlichen Liebe in den Formen des Hohenliedes und den Menschen zur radikalen Hingabe seiner selbst an Gott verführt.

Ob nun älter oder gleichaltrig wie Bernhard von Clairvaux, männlichen oder weiblichen Geschlechts, die Vertreter der zisterziensischen Liebestheologie haben sich immer wieder als Führer im geistlichen Leben hervorgetan. So auch der jüngere Abt des englischen Klosters Rieval in der Diözese York, der hl. AELRED VON RIEVAL (1109–1166). Seiner Feder entspringt *das* Freundschaftsbuch des christlichen Mittelalters: „De spiritualia amicitia" – „Über die geistliche Freundschaft".[1]

Aelred war allerdings nicht der erste, der sich mit dem Thema der Freundschaft beschäftigte. Schon seit der Antike hatten Philosophen und Theologen Freundschaftstheorien entwickelt, wobei das Werk „De amicitia" des großen römischen Redners und Staatsmannes Cicero besondere Bedeutung erlangte. Für Cicero ist Freundschaft „die mit Wohlwollen und Liebe gepaarte Übereinstimmung in der Auffassung göttlicher und menschlicher Dinge" (De amicitia 20). Auf diese Definition griff der hl. Aelred zurück, als er ein Jahr vor seinem Tod (1165) seine Dialoge über die Freundschaft niederschrieb. Allerdings war sie ihm nicht mehr als ein Baustein, hatte er doch nicht die Freundschaft als solche, sondern die spezifisch christliche, die geistliche Freundschaft im Sinn. Sicherlich, ein wirklicher Freundschaftsbund kann auch für den heiligen Aelred nur dann entstehen, wenn zwei Menschen entdecken, daß sie eines Sinnes hinsichtlich ihres Weltverständnisses sind. Das Glück der Freundschaft besteht wesentlich in der tiefen Übereinstimmung von Seele und Geist, so daß die Freunde einander mühelos verstehen. Wahre Freunde sind ein Herz und eine Seele – aber das reicht nicht!

„Ich und du – und ich hoffe, Christus weilt als dritter in unserer Mitte." Mit diesen Worten beginnt Aelred den ersten seiner drei Dialoge über die Freundschaft und streicht damit heraus, was für die „geistliche Freundschaft" fundamental ist: „Christus in der Mitte". Warum?

„Geistliche Freundschaft" ist wesentlich dadurch ausgezeichnet, daß die Freunde in Gott verbunden sind. Von daher heißt „geistliche Freundschaft" soviel wie „heilige Freund-

---

[1] Aelred von Rieval: Über die geistliche Freundschaft. Lateinisch – deutsch, ins Deutsche übertr. v. Rhaban Haacke, eingel. v. Wilhelm Nyssen. Trier 1978.

schaft", wobei unter „heilig" primär nicht Sünde oder die Abwesenheit von sittlich Unschicklichem zu verstehen ist. Heilig ist, was im Menschen und in der Welt zur Sphäre Gottes gehört und sich aus dieser Sphäre möglichst wenig entfernt, anders gesagt, was sich auf den Rückweg in die göttliche Sphäre macht. „Geistliche Freundschaft" ist demnach eine Freundschaft, die eingebettet ist in die göttliche Liebe.

Eine Generation jünger als Aelred waren BALDUIN (um 1140–1191) und JOHANNES VON FORD (1140–1214). Beide lebten sie in demselben englischen Zisterzienserkloster Ford, wobei Johannes seinen Mitbruder und Oberen Balduin nach dessen Tod (1191) als Abt des Klosters in Ford ablöste. Balduin, seit 1184 Erzbischof von Canterbury, hinterließ einen der tiefsten theologischen Traktate über das Gemeinschaftsleben. Johannes fügte dem Hoheliedkommentar des hl. Bernhard von Clairvaux 120 neue Predigten hinzu und schloß ihn damit ab, nachdem zunächst GILBERT VON HOYLAND ihn mit 48 Predigten fortgeschrieben hatte. Gilbert selbst war ein Freund von Aelred von Rieval und wie dieser Abt, und zwar in dem Zisterzienserkloster Swineshead der englischen Diözese Lincoln.

Ein direkter Freund Bernhards von Clairvaux war der frühere Benediktinerabt WILHELM VON SAINT-THIERRY (1070–1148), der gegen den freundschaftlichen Rat Bernhards sein Amt niederlegte und Zisterzienser in dem Kloster von Signy wurde. Dem hl. Bernhard an Tiefe und Erfahrung ähnlich, verfaßte Wilhelm zahlreiche theologische Schriften und nicht zuletzt in seinem Hoheliedkommentar zeigt er sich als ein ausgeprägt theologisch-spekulativer Denker. In die Theologiegeschichte ging Wilhelm als der große Gegner des Benediktiners und Philosophen Petrus Abaelard ein, wobei er Abaelards Lehre von der Trinität, der Gnade und des Bußsakramentes bis hin zu deren Verurteilung auf der Synode von Sens (1141) bekämpfte. Zusammen mit Bernhard war er in alle Kontroversen verstrickt, die die damalige Kirche und den Benediktinerorden spalteten.

Über sechs Jahre war NIKOLAUS VON CLAIRVAUX (gest. 1176) der persönliche Sekretär des hl. Bernhard. Während dieser Zeit oblag ihm zudem die Sorge um die Klosterbibliothek. Von Nikolaus sind Briefe und Predigten überliefert, die den Stil seines Lehrers Bernhard verraten. Von dem Benediktinerkonvent Montiéramey in das Zisterzienserkloster von Clairvaux übergewechselt (1145), kehrte Nikolaus 1151 wieder nach Montiéramey zurück, nachdem die Zisterzienser ihn wegen Mißbrauch des Siegels des hl. Bernhard fortgeschickt hatten.

Weitverbreitet war der Ruf ADAMS VON PERSEIGNE (gest. 1221) als eines herausragenden Lehrers auf dem geistlichen Weg. Zunächst Regularkanoniker und Benediktiner trat er in das Zisterzienserkloster von Pontigny ein. Von 1188 bis zu seinem Tod war er Abt von Perseigne. Von Adam sind zahlreiche Briefe erhalten sowie einige Marienpredigten.

In der französischen Troubadourlyrik beheimatet war der Flame HELINAND VON FROIDMONT (etwa 1160–etwa 1130). Mit zweiundzwanzig Jahren wurde er Zisterzienser in Froidmont. Helinands Herkunft aus der profanen Liebesdichtung hat sich niedergeschlagen in dem altfranzösischen Epos „Vers de la mort" (Verse vom Tod).

1121 schied der Belgier GUERRIC VON IGNY (etwa 1070–1157) aus seiner Lehrtätigkeit an der Kathedralschule von Tournai aus, um in Clairvaux einzutreten. Dort sollte er über 17 Jahre hinweg Schüler des hl. Bernhard sein, bis er 1148 in das Amt des Abtes im Kloster von Igny in der Diözese York berufen wurde. Guerric hinterließ 54 Predigten, in denen er seine Lehre eines geistlichen Weges entfaltete.

TEXTE [2]

Könnte ich doch nur vor Dir genau wie diesen Brief mein Herz auseinanderfalten! Wenn Du doch in meinem Herzen lesen könntest, was Gott mit seinem Finger darin an Liebe zu Dir hingeschrieben hat!

Du würdest ganz bestimmt erkennen, daß Gottes Geist in mein innerstes Wesen etwas einzuprägen vermocht hat, für dessen Wiedergabe keine Zunge und keine Feder genügt.

Jetzt bin ich im Geist bei dir, wenn auch dem Leibe nach abwesend. Keiner von uns beiden hat die Möglichkeit, den anderen zu sehen. Du kannst zwar noch nicht unmittelbar erfahren, was ich sage, aber Du trägst in Dir selbst ein Vermögen, alles, was ich empfinde, zu ahnen. Geh in dein eigenes Herz: dann siehst Du das meine. Stelle Dir vor, daß die ganze Liebe, die Du darin für mich spürst, genauso in meinem Herzen für Dich lebendig ist.

Gib Dich ja nicht der falschen Vermutung hin, ich würde weniger lieben und Du würdest mehr lieben, und Du stündest folglich höher als ich, weil Du mich an Liebe übertriffst. Deine Bescheidenheit wird Dir hoffentlich eingeben, daß es sich eher umgekehrt verhält. Er, der Dich angeregt hat, mich derart zu lieben und mich zum Ratgeber Deines Heiles zu erwählen, hat mich genauso angeregt, Deiner Liebe zu entsprechen.

Du siehst also, auf welche Weise Du mich immer bei Dir haben kannst. Und ich, so will ich offen gestehen, gehe niemals von Dir irgendwohin weg, ohne Dich mitzunehmen [3].

*

---

[2] Die folgende Auswahl ist überwiegend entnommen aus: Ein Lied, das nur die Liebe lehrt. Texte der frühen Zisterzienser. Ausgewählt, übersetzt und eingeleitet von Bernhardin Schellenberger. Freiburg 1981 (Herderbücherei 904).
[3] Bernhard von Clairvaux, Brief an die Gräfin Ermengard von der Bretagne (PL 182, 263 A–B).

Mein Glaube ist über alle Zweifel erhaben, daß der heilige Geist in Dir seine Wohnung genommen hat. Seine Gnade wirkt in Dir. Und ich weiß mich ganz eins mit Dir. Du hütest die Schätze, nach denen ich mich sehne, nämlich die Liebe und die Sehnsucht nach unserem Schöpfer.

Wie freut mich der Gedanke an Deine Liebe zur Klarheit! Dein Verlangen, auf dem Weg weiterzukommen, stachelt mich selbst voll Liebe an. Und ich bin voll Ungeduld, Dich nach so langer Zeit wieder einmal zu sehen und aus Deinem Anblick Trost zu schöpfen. Gewiß ist ein Gespräch zwischen solchen, die sich im Herrn lieben, ein großer Gewinn für die Gottesliebe; aber wunderbarerweise fängt schon durch den leiblichen Anblick das geistliche Streben neues Feuer. Und was glaubst Du: wenn es schon so heilsam und herzerfrischend ist, die Wohnungen einer solch beglückenden Nähe Gottes vor Augen zu haben – wie herrlich wird es erst sein, Den zu schauen, der einzig das Heil und die Wonne selbst ist? Dich werde ich sehen, sobald Zeit ist, und zwar auch mit den Augen meines Leibes. Dich im Geist zu sehen, ist immer Zeit[4].

*

Mein Lieber, wenn Du in Deinem Herzen die festliche Freude der Liebe feierst, so laß mich teilnehmen an diesem inneren Fest. Behalte das Gut, das Dir geschenkt worden ist, nicht für Dich allein, sondern sei bei diesem Genuß Deines Freundes eingedenk, der noch draußen vor der Tür als Bettler steht.

Bricht dem bettelnden, hungrigen Freund Dein Brot. Wenn Du mit Deinem Brot den Hunger Deines Freundes stillst, zeigst Du, daß Du ein wirklicher Freund bist.

Dein Brot: das ist Christus. Dein Brot: das ist Deine Liebe. Dein Brot: das ist Dein Gebet. Dein Brot: das ist Deine Reue unter Tränen, mit der Du nicht nur Deine eigenen Sünden, sondern auch die Sünde Deiner Freunde tilgst.

---

[4] Adam von Perseigne, Brief an die Jungfrau Agnes (PL 211, 687 A–C).

Der Psalmendichter sagt von sich, er habe von diesem Brot bei Tag und bei Nacht gezehrt: „Meine Tränen wurden mir zum Brot bei Tag und bei Nacht." (Ps. 41, 4) Je hungriger sich jemand von diesem Brot nährt, desto stärker wird er, um die Lasten anderer zu tragen. Denn das Brot vom Himmel macht das Herz derart stark, das er in eigenen Belastungen standhält und die Lasten seiner Brüder tragen will und sie auch tragen kann ...

Wen die Glut der himmlischen Liebe in Brand gesteckt hat, der wird flüssig und steckt andere mit dieser Glut an. Zu dieser Glut war jene festtägliche Seele gelangt, die gesagt hat: „Meine Seele ist flüssig geworden, als er sprach" (Hld. 5, 6). Ein Geist, den der Brand dieser Liebe flüssig gemacht hat, steckt ganz bestimmt andere an [5].

*

Mein Geist überläßt sich dem Impuls der Liebe, die mich im Heiligen Geist antreibt, durch alles hindurch zu Dir selbst zu kommen, mein Freund: durch alles hindurch, was Dein ist, aber was nicht Du selbst bist; durch alles hindurch, was um Dich ist, aber was nicht Dein ist und was nicht Du selbst bist.

Die Liebe in ihre Schwerelosigkeit dringt auch durch die träge Masse des Leibes hindurch. Sie strömt in den innersten Kern Deines Geistes ein und vermischt dort meine Sehnsucht mit der Deinen, mein Empfinden mit dem Deinen, meinen Geist mit dem Deinen.

Aus dieser Teilhabe an Deinem Geist wird mein Geist erneuert; vom Licht Deines Empfindens wird das Licht meines Erkennens und Empfindens verwandelt; meine Sehnsucht wird von der Süßigkeit Deiner Sehnsucht gesteigert [6].

*

---

[5] Adam von Perseigne. Brief II und III an den Mönch Osmund (PL 211, 594 C–D; 211, 592 A).
[6] Aelred von Rieval. Brief an Bischof G. Lundoniensis (PL 195, 361/362 C).

Herr, mein Bruder bettelt immer noch um die Schoten der Schweine dort in jenem Land, in dem Hungersnot herrscht. Der Unglückliche denkt noch nicht einmal daran, daß die Söhne und selbst die Knechte im Haus seines Vaters Brot im Überfluß haben (Vgl. Lk. 15,17) Und wie leicht könnte er aus all dem herauskommen! Er müßte nur zwei Schritte machen, um dieser schlimmen Verbannung zu entrinnen: mit dem ersten Schritt müßte er in sich selbst gehen, mit dem zweiten zu Dir hin, Vater.

Mich hast Du geheißen, nicht nur ihn, sondern jeden meiner Nächsten zu lieben wie mich selbst. Aber wer steht mir näher als mein Bruder? Nirgends bin ich ganz da, wo mein Bruder fehlt, denn er ist die Hälfte meiner Seele. Herr, Du willst doch, daß ich Dich mit meiner ganzen Seele liebe? Wie soll ich Dich aber mit ganzer Seele lieben, wenn Dich nicht beide ihrer Hälften lieben? Wenn Dich nur eine Hälfte liebt, ist das kein guter Zustand.

Damit ich Dich also ganz lieben kann, mach doch, so bitte ich Dich, daß ich Dich liebe, und daß auch mein Bruder Dich liebt. Wenn Du willst, daß ich Dir folge, so mach doch, ich flehe Dich an, daß Dir auch mein Bruder folgt. Ich kann Dir doch nicht als hälftiger Mensch folgen. Um mich ganz heil machen zu können, mach doch auch meinen Bruder heil![7]

*

Du sagst, ich kümmere mich um niemanden mehr. Das ist nicht wahr. Ich habe nicht, weil ich in Clairvaux bin, alle menschlichen Empfindungen ausgezogen. Gott ist mein Zeuge, wie ich Euch alle im Herzen trage. Bin ich von Euch auch dem Leibe nach fortgegangen, so werde ich dem Herzen nach doch in alle Ewigkeit nicht von Euch fortgehen. Dich aber habe ich ganz besonders fest wie ein Siegel auf mein Herz gepreßt (vgl. Hld. 8,6), denn ich kenne ja Dein Denken ein ganzes Stück weit. Und oft habe ich meine

---

[7] Helinand von Froidmont. Brief an Walter (PL 212, 746 C–747 A).

Hände zu dem erhoben, der das Gebet der Armen nicht überhört und verschmäht [8].

*

Umfasse die ganze Welt in einer einzigen Umarmung deiner Liebe. Denke an alle Guten in der Welt und freue dich über sie. Denke an alle Bösen, halte sie dir vor Augen und weine.

Das Elend der Armen soll dir zu Bewußtsein kommen, das Weinen der Waisen, die Verlassenheit der Witwen, die Niedergeschlagenheit der Traurigen, die Entbehrungen der Pilger, die Gefahren der Seereisenden, die Gelübde der Jungfrauen, die Anfechtungen der Mönche, die Verantwortung der Prälaten, die Strapazen der Soldaten.

Allen öffne dein liebendes Herz; für sie vergieß deine Tränen, für sie trage deine Bitten vor Gott. Dieses Almosen ist Gott besonders teuer, Christus besonders angenehm, deiner Berufung besonders angemessen und denen, für die du es darbringst, besonders fruchtbar. Es stört nicht die Ruhe des Herzens, sondern bewahrt sie [9].

*

Die Kraft der Liebe bindet zwei Freunde derart in eins zusammen, daß sie ein und dasselbe wollen und ein und dasselbe nicht wollen.

Die Liebe der Mütter zu ihren Kindern ist von solchem Ungestüm, daß sie sie auf die vielfältigste Weise äußern und doch den Eindruck haben, sie sei noch viel zu gering.

Die herrlichste und stürmischste aller Formen der Liebe, die Liebe zwischen Bräutigam und Braut, vereinigt die beiden so sehr, daß sie „zwei in einem Fleisch" werden (Mt. 19, 5). Und schließlich zieht die einzige Art Liebe, die noch seliger ist, die Liebe der vernunftbegabten Seele, diese derart zur Vereinigung mit ihrem Schöpfer hin, daß „wer Gott umarmt, ein Geist wird mit ihm" (1 Kor. 6, 17).

---

[8] Nikolaus von Clairvaux. Brief an einen Gefährten (PL 196, 1609 C).
[9] Aelred von Rieval. Reklusenregel (PL 32, 1465).

Angesichts aller dieser Formen der Liebe frage ich: was wird wohl die Liebe erst dort in jener Quelle vermögen, aus der sie stammt? Wen wird es Wunder nehmen, wenn die Quelle der Liebe dort, wo sie entspringt, noch stürmischer drängt, noch köstlicher sprudelt, noch reicher quillt, noch süßer schmeckt, noch reiner und lauterer ist, noch kräftiger und stärker?

Wie könnte man aufzeigen, worin das Wunder der Liebe in der seligen Dreifaltigkeit noch großartiger wirkt, als sie es schon überall in den vernunftbegabten Geschöpfen tut? Wohl nur so: daß das Wesen der seligen Dreifaltigkeit dank der wunderbaren und alles andere übersteigenden Kraft der Liebe ganz eins ist; denn sie wirkt ja in allen, die wirklich lieben, daß sie nach Herz und Seele eins werden (Vgl. Apg. 4,32).

Überall sonst finden wir also ‚Vereinigung‘, hier aber herrscht ‚Einheit‘. In anderen wirkt die Liebe, solange sie lieben; hier kann man nicht sagen, daß sie wirkt, sondern daß sie von hier ‚entspringt‘ und hervorströmt und überfließt von jedem auf die anderen und von allen auf jeden[10].

*

Wenn zwei sich zärtlich küssen, hauchen sie sich gegenseitig ihren Atem ein. Das ist wie ein Duft, von dem sie sich wunderbar durchdrungen fühlen.

Nimm, Herr, den Atem meiner Seele ganz in Dich auf. Wende Dich nicht von ihm ab. Ich hauche ihn ganz in Dich ein, mag er auch unangenehm riechen. Und Du hauche Deinen Atem ganz in mich ein – er duftet ja ganz nach Dir –, damit mein Atem von Deinem Wohlgeruch erfüllt wird.

Du sagst zur Seele, die sich nach Dir sehnt: „Mach deinen Mund weit auf, und ich werde ihn füllen" (Ps. 80,11) und die Seele wird beim Verkosten und Schauen Deiner zärtlichen Liebe im großen und unfaßlichen Sakrament des Gedächtnis-

---

[10] Johannes von Ford. Aus einer Hohenliedpredigt (CC/CM XVII 30–131).

ses Deiner Taten in das verwandelt, was sie ist: sie wird Bein von Deinem Bein und Fleisch von Deinem Fleisch[11].

*

Es ist ganz unmöglich, Brüder, daß der starke Gott gegen euch sein könnte. Er wollte doch für euch schwach werden bis zum Tod. Er ließ sich von zahlreichen Wunden durchbohren, ließ sich mit seinem ganzen Leib kreuzigen. Woher, so frage ich, könnte er die Kraft nehmen, jener Liebe zu widerstehen, die ihn als Besiegten und Gefangenen durch alle Arten von Schwachheit bis zum Tod, bis zum Tod am Kreuz geführt hat? Die Liebe ist jetzt nicht mehr nur stark wie der Tod, sondern stärker als der Tod. Die Kraft Gottes ist mit der Stärke der Liebe schwach geworden bis in den Tod. Aber ihre Schwäche hat sich als stärker erwiesen als die stärkste Macht. Ihr Tod ist zu deinem Tod geworden, o Tod.

Bewaffne dich also mit der Kraft der Liebe, wer immer du bist, du gottsuchender Angreifer, der du das Himmelreich erobern willst[12].

*

Geistliche Tröstungen, einmal erfahren, führen in Unruhe. Im Augenblick mögen sie befrieden, aber auf längere Sicht bewirken sie Schmerz. Wer sich einmal an Küssen erfreut hat, sucht sie voll Sehnsucht wieder, und je reicher der Überschwang des Bräutigams die Wünsche der Braut in der Vergangenheit erfüllt hat, desto bitterer wird ihr das Leid, ihn entbehren zu müssen. Sie sucht den Geliebten und findet ihn nicht; sie ruft nach ihm, und er gibt keine Antwort[13].

*

---

[11] Wilhelm von Saint-Thierry. Meditativa Oratio (PL 180, 230–231 A).
[12] Guerric von Igny. 2. Predigt zum Fest Johannes des Täufers n. 3 (PL 185, 168 D–169 A).
[13] Johannes von Ford. Hoheliedpredigt 1, 1 (CC/CM XVII, 39).

Herr, schenk doch volles Genügen: zeig Dich selbst! Ich suche Dich unter Mühen draußen, finde Dich spät, halte Dich mit Mühe fest, versuche Dich voll Hingabe wenigstens ganz kurz zu küssen, und Du entschlüpfst und entfliehst sofort wieder. Gut tun diese Küsse – und doch sind sie nur wie ein Bild, wie ein Schatten. Gut tun diese Küsse; sie trösten für einen Augenblick, aber sie genügen nicht: schenk doch volles Genügen! Küsse Du mich mit dem Kuß Deines Mundes (Hld 1,1). Mit dem Kuß des Wortes, nicht des Fleisches. Mit einem Kuß, den Du mir aus freien Stücken schenkst, nicht mit einem, den ich gewaltsam erzwinge. Mit dem Kuß, in dem Du Dich offen zeigst und Dich mir gleich machst. Dann bin ich in Dir gesammelt, mit Dir vermählt, ein Geist mit Dir. Denn wer Dich, den Herrn, umarmt, ist ein Geist mit Dir (1 Kor 6,17)[14].

*

Der Bräutigam ist der Braut Heil und Licht. Wenn er sich verbirgt, fällt sie aufs Krankenbett und in die Nacht des Nichtwissens.

Doch auf dem Krankenlager gedenkt sie des Geliebten. Nicht nur am Morgen, sondern auch in der Nacht meditiert sie über ihn, und sie sucht den, den ihre Seele liebt. Sie ist nicht müßig auf diesem Lager, auf das sie gefallen ist; sie läßt sich nicht hängen, und sie läßt sich nicht von Begierden in Beschlag nehmen. Im Gegenteil: schon die Erinnerung an den Geliebten steigert ihre Widerstandskraft. Sie liegt nicht in den Fesseln einer Krankheit, sondern in den Fesseln der Liebe.

Wem es so ergeht, dem soll man es so erläutern. Ich selbst verweigere jedes Schmerzenslager, das nicht das Lager dieses Schmerzes ist, den die Liebe um den abwesenden Bräutigam hervorbringt, und ich glaube, diese Art Krankheit sucht mehr den Genuß als die Heilung. Sie will nichts von einem Arzt wissen, sondern wartet auf den Freund[15].

*

---

[14] Gilbert von Hoyland. Traktat 1,6 (PL 184, 255 D–256 A).
[15] Gilbert von Hoyland. Hoheliedpredigt 1,1. (PL 184, 12 A–B).

Es ist kein geringer Trost in diesem Leben, jemanden zu haben, den Du in einer innersten Zuneigung heiliger Liebe umarmen und mit dem Du eins sein kannst; jemanden, in dem Dein Geist ausruhen und dem Du Deine Seele anvertrauen kannst; mit dem Du gern sprichst, weil die Unterredung mit ihm wie ein trostvolles Lied in einer traurigen Welt ist. Im allzeit offenen Schoß seiner Freundschaft kannst Du einen Raum der Unangefochtenheit inmitten der vielen Fallstricke der Welt finden, und seinem liebevollen Herzen darfst Du unbedenklich alle Deine verborgensten Gedanken anvertrauen.

Wenn Du von ruhelosen Sorgen ganz krank bist, sind Dir seine geistlichen Küsse wie heilende Umschläge. Er weint mit Dir in der Bedrängnis, er freut sich mit Dir im Glück, er sucht mit Dir im Zweifel. Führe ihn an den Banden der Liebe in jenen inneren Raum Deines Geistes, wo er auch dann dem Geiste nach da sein kann, wenn er dem Leibe nach abwesend ist. Dort kannst Du mit ihm allein Zwiesprache halten, dann ruht das Getöse der Welt, und Du kannst Dich allein mit dem Alleinen in friedvollem Schlaf, in liebevoller Umarmung, im Kuß der Vereinigung, in den die Süßigkeit des Heiligen Geistes einfließt, erholen. Vereine Dich dort mit ihm, vertrau Dich ihm so an, tausche Deinen Geist mit dem seinen so aus, daß aus mehreren eines wird.

Diese Erfahrung kann uns bereits in der Gegenwart zuteil werden mit Menschen, die wir nicht nur mit dem Verstand, sondern auch mit dem Herzen lieben; vor allem mit solchen, die mit uns mehr und enger als andere in einem Bündnis geistlicher Freundschaft vereint sind.

Um zu zeigen, daß diese heiligste Art der Liebe nichts Ungebührliches ist, ist unser Jesus selbst in allem bis zu uns herabgestiegen. Er hatte in allem mit uns Geduld und Mitleid, und indem er uns seine Liebe vor Augen hält, will er uns umwandeln. Zum Zeichen, daß auch er eine besondere Liebeszuneigung kannte, hat er es ‚einem', nicht ‚allen', gewährt, an seiner Brust zu ruhen. Bestimmt hat der Meister allen Jüngern seine volle Liebe zugewendet. Aber diesem einen hat er den Vorzug geschenkt, als derjenige bezeichnet zu werden, den er besonders liebte. Und so spricht man von diesem Jünger als von dem, den Jesus liebte[16].

*

Bei allen Gütern, die dem Liebenden und demjenigen, den er mit vollkommener Liebe liebt, gefallen können, liebt die Liebe das Gemeinsam-Haben, und sie möchte etwas, was beiden Freude machen kann, lieber gemeinsam haben, als allein für sich besitzen. Bei den Gütern aber, die nicht beiden gefallen können, zieht die Liebe oft vor, auch selbst auf sie zu verzichten, damit sie nicht etwas hat, was der Freund nicht haben will, weil es nicht seine Zuneigung findet.

Beim Erweis von Liebenswürdigkeiten geht es der Liebe immer darum, den, den sie liebt, zur Liebe zu reizen, damit er nicht einseitig geliebt wird. Denn wie schon gesagt, liebt sie es, geliebt zu werden, und dem Liebenden genügt es nicht, etwas Gemeinsames zu lieben, solange er nicht auch die Gemeinsamkeit in der Liebe verspürt.

Wenn die Liebe schon ihre Habe zum gemeinsamen Besitz machen möchte, dann umso mehr noch ihre Liebe selbst. Die Liebe weiß nicht, wie es ist, dem anderen nicht zugetan zu sein, und sie verabscheut das Einsamsein. Sie läßt sich sozusagen von der Liebe zum Gemeinsam-Haben zum verschwenderischen Schenken hinreißen, um so die Gemeinschaft in der Liebe zu erlangen.

Was wäre das für eine Zuneigung der Liebe, die ihre Habe für sich selbst zurückbehalten und nicht zum gemeinsamen Besitz machen wollte? Oder was für einen Trost hätte der Liebende, wenn er seinerseits nicht geliebt würde und nur er lieben würde? Es steht geschrieben: „Weh dem Alleinen!" (Koh 4,10). Die einsame Liebe ist sich selbst gekreuzigt und haßt gewissermaßen sich selbst, denn sie will durchaus nicht einsam, sondern will wechselseitig sein. Sie kann nicht ihres Drangs zur Zuneigung, und damit ihrer Natur, beraubt wer-

---

[16] Aelred von Rieval. Speculum Caritatis 1. III, c. 39. (PL 195, 619 A–C).

den, und so kann sie auch nicht das Gemeinsam-Haben ihrer Güter und die Gemeinsamkeit der Liebe selbst nicht lieben.

Folglich sind mit der Liebe, die in uns ist, zwei Dinge untrennbar verbunden: die Liebe zum Gemeinsam-Haben und die Gemeinsamkeit in der Liebe. Fehlt eines davon, so ist die Liebe noch nicht glücklich.

Sie sucht im Gemeinsam-Haben des Guten und in der Gemeinsamkeit der Liebe nichts anderes als das Glück. Ist etwas vorhanden, was man gemeinsam liebt, fehlt aber die Gemeinsamkeit der Liebe, so fehlt der Liebe etwas, was sie selbst haben möchte. Liebt man dagegen gemeinsam, aber fehlt das, was man gemeinsam lieben möchte, so fehlt der Liebe etwas, was sie selbst nicht missen möchte.

So verhält sich das in der Liebe, die uns gehört, die in uns ist und unter uns ist. Wir sind in dieser Liebe noch nicht ganz glücklich, aber wir werden in der Zukunft darin ganz glücklich werden, wenn wir das höchste Gut gemeinsam besitzen werden, das alle voll erfüllen kann, und wenn uns eine gemeinsame gegenseitige Liebe vereinen wird, durch die es nichts mehr geben wird, was nicht gemeinsam sein wird [17].

*

Der Mensch kann sich aus dem abgelegenen Gemach, in dem er den ersten Sabbat gefeiert hat, in jene Herberge seines Herzens begeben, in der er sich gewöhnlich mit den Frohen freut und wo er mit den Weinenden weint, mit den Schwachen schwach ist und mit den Angefochtenen selbst brennt. Dort kann er erfahren, daß seine Seele mit der Seele aller seiner Brüder durch die verbindende Kraft der Liebe vereint wird. Sie wird dann von keinem Stachel des Neides beunruhigt, von keiner Flamme des Ärgers geschürt, von keinem Pfeil der Mutmaßung verletzt, von keinem Biß der Traurigkeit angenagt.

Wenn so im Schoß seines Geistes völlige Stille herrscht, kann er mit einem Empfinden intensivster Liebe alle umar-

---

[17] Balduin von Ford. Traktat 15. (PL 204, 547 D – 548 B).

men und mit Wärme beschenken. Er kann mit ihnen ein Herz und eine Seele werden. Beim Verkosten dieses wunderbaren Geschmacks schweigt alsbald aller Lärm der Begehrlichkeit, das Getöse der Leidenschaft verstummt, und in diesem inneren Bereich entsteht ein Raum, der von allem Gefährlichen völlig frei ist, ein gnadenerfüllter, heiterer Ort des Ruhens in der brüderlichen Liebe.

Die Ruhe und Wonne dieses Sabbats hatte den Propheten David überkommen, als er in den dankbaren, festlichen Ruf ausbrach: „Seht, wie gut ist es, wenn Brüder in Eintracht beisammen wohnen!" (Ps. 132, 1) [18]

*

Ein in unser innerstes Mark eingesenkter Sinn für die Liebe läßt uns spüren, daß das Wesen der Liebe darin besteht, zu lieben und geliebt werden zu wollen. Denn wie das Feuer nicht nicht brennen kann, so kann die Liebe nicht nicht lieben.

Die Liebe ist ja ein Feuer, und Lieben heißt brennen. Und wie das Feuer sich nicht auf sich selbst beschränkt, sondern ständig in Bewegung ist und um sich greift, und alles in Brand steckt, weil es nicht in sich allein leben, sondern seine Wärme allem mitteilen will, was es berührt oder entzündet, so bemüht sich auch die Liebe auf ganz spürbare Weise, sich auszuschütten und das Gut, das sie hat, einem anderen, den sie in völliger Liebe liebt, weiterzugeben und zum gemeinsamen Besitz werden zu lassen und sich einen Gefährten für die gemeinsame Habe zu erwerben. In den Augen der Liebe leuchtet jedes Gut in schönerem Licht, wenn es zum gemeinsamen Besitz geworden ist [19].

*

Wenn wir irgendein Geschöpf so lieben, daß wir es nicht in Beziehung zu Dir bringen sondern ‚in sich' genießen wollen,

---

[18] Aelred von Rieval. Speculum Caritatis I, III, c. 4 (PL. 195, 579 B–C).
[19] Balduin von Ford, Traktat 15 (PL 204, 547 B–C).

bleibt unsere Liebe nicht wirklich ‚Liebe', sondern wird zur ichbezogenen Begehrlichkeit, zur sinnlichen Begierde oder zu etwas ähnlichem. Sie verliert nicht nur ihre Freiheit, sondern auch den Glanz ihres Namens. Der armselige Mensch gerät dann auf eine Stufe mit den unvernünftigen Tieren und wird ihnen ähnlich (vgl. Ps. 48,13).

Darin besteht im Grunde jede seiner Sünden: daß er auf verkehrte Weise genießt und auf verkehrte Weise gebraucht. Er liebt dann irgendetwas oder einen Menschen oder sich selbst ohne Bezug zu Dir, sondern will die Dinge, die Menschen und sich selbst an sich genießen.

Der Mensch soll sich des anderen Menschen und seiner selbst erfreuen, aber in Dir. Dich aber, Du Leben aller Leben und Gut aller Güter, soll er in Dir und in sich genießen. Das ist die lebendige und lichtvolle Liebe. Sie ist frei von der Verderblichkeit und macht von ihr frei. Je reiner sie ist, desto süßer ist sie in der Erfahrung; je stärker, desto beständiger in der Wirkung [20].

*

Denke an meine Unwissenheit und zwinge mich nicht, zu lehren, was ich nicht weiß. Amicus, der Freund, leitet sich her von amor, die Liebe. Von amicus der Freund wiederum amicitia die Freundschaft. Die Liebe aber ist ein gewisser Antrieb der vernunftbegabten Seele, der sie etwas sehnsüchtig begehren läßt, um es genießen zu können. Er läßt sie es genießen mit dem inneren Gefühl der Süßigkeit, läßt sie es umarmen und festhalten.

Ferner wird der Freund der Liebe ihr Schützer genannt – manche sagen lieber „Schützer des Herzens". Denn mein Freund muß eine gegenseitige Liebe, ja mein und sein Herz beschützen, alle Geheimnisse getreulich schweigend behüten, alle Fehler, die ihm nicht verborgen bleiben, ertragen und nach Kräften bessern, sich freuen mit den Fröhlichen, weinen mit dem Weinenden und fühlen als seine Sache, was

---

[20] Wilhelm von Saint-Thierry. Hoheliedkommentar (PL 180, 473 D – 474 C).

des Freundes ist. Freundschaft ist demnach die Tugend, die zwei Seelen durch das Band der Liebe und des Wohlgefallens so fest verknüpft, daß aus beiden eine wird. Deshalb haben auch die Weltweisen die Freundschaft nicht als Erscheinungen des Lebens, die zufällig und hinfällig sind, bezeichnet, sondern als Tugend, eine von den Tugenden, die ewig währen. Mit ihnen stimmt Salomon im Buch der Sprüche überein, wenn er sagt: „Allzeit hegt Liebe der Freund." Offensichtlich erklärt er, daß Freundschaft ewig ist, wenn sie eine wahre ist; wenn sie aufhört, war sie nicht echt, auch als es so schien. So sagt Hieronymus: „Freundschaft, die es fertig bringt, aufzuhören, war niemals echt."[21]

---

[21] Aelred von Rieval. Über die geistliche Freundschaft. Buch I, Nr. 19: Antwort an Ivo. Übersetzung von Rhaban Haacke.

*Thérèse von Lisieux
und Céline Martin*

EINLEITUNG [1]

„Ich glaube, der liebe Gott hat selten zwei Seelen geschaffen, die sich so gut verstehen; niemals ein Mißklang. Wenn Jesu Hand eines der beiden Saitenspiele anschlägt, erklingt gleichzeitig auch das andere"[2] – diese Zeilen sandte Schwester Thérèse de l'Enfant-Jésus et de la Sainte-Face[3] aus dem Karmel von Lisieux im Juli 1893 an Céline Martin. Céline war die leibliche Schwester der hl. Thérèse, und sie war mehr als das: Thérèse und Céline waren buchstäblich verstanden ein Herz und eine Seele, sie waren Freundinnen und Vertraute des Herzens.

Beide wuchsen in einer Familie auf, die geprägt war von einem bestimmten religiösen Milieu im Frankreich der zweiten Hälfte des 19. Jahrhunderts, das seinen Blick primär auf das Jenseits richtete. Das Herz der Familie waren die Eltern, Louis Martin und seine Frau Zélie geb. Guérin. Ihre Ehe war von dem Wunsch getragen, Gottes Willen zu suchen und zu erfüllen. Als sie sich begegneten, hingen beide noch einem unerfüllten Klosterwunsch nach. Louis hatte das Uhrmacherhandwerk erlernt und Zélie war selbständige Fabrikantin von Alençoner Spitze. Sie besaß ein kleines Unternehmen, das später unter gemeinsamer Führung von ihr und Louis die Familie gut ernähren sollte.

---

[1] Zuerst veröffentlicht in der Zeitschrift „Christliche Innerlichkeit" 24 (1989), S. 148–154 unter dem Titel: Andrés E. Bejas / Sabine B. Spitzlei: „Widerhall des Herzens". Thérèse von Lisieux und Céline Martin.

[2] Thérèse Martin: Briefe. Deutsche authentische Ausgabe der *Correspondance general de Sainte Thérèse de Lisieux, Editions du Cerf et Editions Desclee de Brouwer, Paris,* Leutesdorf: Johannes-Verlag, 1976, Nr. 142, S. 202. Alle weiteren Briefe sind dieser Ausgabe entnommen.

[3] Schwester Thérèse vom Kinde Jesus und vom Heiligen Antlitz. Das ist der vollständige Ordensname von Thérèse Martin, die im deutschen Sprachraum als „Therese vom Kinde Jesus", „Therese von Lisieux" oder „die kleine Therese" verehrt wird.

Neun Kinder gingen aus dieser Ehe hervor, von denen vier in jungen Jahren starben. Die fünf, die am Leben blieben, waren allesamt Mädchen. Bei der Geburt der Jüngsten, Thérèse, am 2. Januar 1873 zählte Céline vier Jahre. Marie, die älteste der Schwestern, war 1873 zwölf Jahre alt, ihr folgten Pauline und Léonie. Unter den Schwestern war es die Jüngste, die schon in jungen Jahren, vierundzwanzigjährig, ihren Weg vollendete.

Thérèse war noch nicht fünf Jahre alt, als Zélie Martin an Krebs starb. Das Kind erwählte sich Pauline zu seiner neuen Mutter, und diese sollte im Verlauf von Thérèses Leben nicht nur die Rolle der Familienmutter, sondern als Priorin auch zeitweise die der geistlichen Mutter übernehmen. Pauline nämlich war diejenige, die als erste von vier der Schwestern mit einundzwanzig Jahren in den Karmel von Lisieux eintrat.

Thérèse, als die jüngste der Martins, sollte auch die jüngste Unbeschuhte Karmelitin des Klosters in Lisieux werden, nachdem sie auf einer Romreise 1887 den Papst um Erlaubnis für diesen Schritt gebeten hatte. Nach Pauline und Marie trat nun auch die fünfzehnjährige Thérèse am 9. April 1888 in den Karmel ein, wo sie am 10. Januar 1889 eingekleidet wurde und am 8. September 1889 ihre Profeß ablegte.

Ihr Eintritt ist die logische Konsequenz ihrer „missionarischen" Berufung, für die Menschen vor Gott zu stehen und stellvertretend die Liebe Gottes, die die Menschen ignorieren, zu beantworten. Gegen Ende ihres Lebens, im September 1896, schrieb Thérèse: „Trotz meiner Kleinheit möchte ich die Seelen erleuchten wie die *Propheten, die Kirchenlehrer,* ich habe die *Berufung, Apostel zu sein* ... ich möchte die Welt durcheilen, deinen Namen verkünden und dein glorreiches Kreuz in den Heidenländern aufpflanzen, aber, o mein *Viel-Geliebter,* eine einzige Mission genügt mir nicht; ich möchte das Evangelium in allen fünf Weltteilen gleichzeitig verkünden, bis zu den fernsten Inseln ... Ich möchte Missionar sein, nicht nur für einige Jahre, sondern ich möchte es gewesen sein vom Anbeginn der Welt und es bleiben bis ans Ende der Zeiten."[4]

Die Freundschaft mit Céline aber veranlaßte Thérèse zu ganz anderen Zeilen. Hier tritt uns nicht nur die Heilige entgegen, die in ihren späteren autobiographischen Schriften die geistliche Lehre des „kleinen Weges" hinterläßt. Die Briefe an Céline enthüllen vielmehr, daß Thérèse in der Freundschaft mit Céline das Mysterium der liebenden Einheit zweier Menschen in Gott erlebte.

Spiegel dieser Freundschaft und Liebe also sind die Briefe, die erst nach Thérèses Gang in den Karmel von Lisieux beginnen und, bis auf wenige Brieflein in Thérèses Todesjahr, mit Célines Eintritt im September 1894 enden. In einem ihrer ersten schrieb Thérèse an Céline: „Morgen ist es ein Monat, daß ich von Dir weg bin, aber es scheint mir, als seien wir gar nicht getrennt: Was liegt daran, an welchem Ort wir uns befinden ... Auch wenn der Ozean uns trennte, wir blieben dennoch vereint, denn unsere Wünsche sind die gleichen und unsere Herzen schlagen gemeinsam ...". Dies umreißt eine Wirklichkeit, die das Verhältnis der Schwestern schon im Kreise der Familie bestimmt hatte und die nach dem Eintritt in den Karmel nur eine neue Form des Ausdrucks fand. In den Schreiben an Céline sollten Thérèses bilderfreudiger Phantasie ihre schönsten Gleichnisse gelingen.

Als die „Künstlerin" der Familie galt aber nicht Thérèse, sondern Céline, die ein großes Talent zum Malen besaß. Als Herr Martin 1894 starb und Céline nun von allen Pflichten einer Tochter, die sich ganz der Pflege des kranken Vaters gewidmet hatte, enthoben war, führten selbst einige der Klosterfrauen im Karmel von Lisieux als Argument gegen den Eintritt der vierten Tochter der Martins an, daß der Karmel keine Künstler brauche. Insgeheim hatte Céline schon

---

[4] Therese vom Kinde Jesus: Selbstbiographische Schriften. Authentischer Text. Nach der von P. François de Sainte-Marie O. C. D. besorgten und kommentierten Ausgabe ins Deutsche übertragen von Otto Iserland und Cornelia Capol, Geleitwort von Hans Urs von Balthasar. Einsiedeln: Johannes Verlag, (7) 1958, S. 198.

lange an das Ordensleben gedacht, und auf ihrem Weg in den Karmel war es ihre „Schwesternseele", Thérèse, die sie führte, mahnte und in ihr Kraftfeld zog, dessen Zentrum die Liebe war. Zunächst waren es die Überlegungen, ob sie nicht eher für die Ehe geschaffen sei – und an Heiratsanträgen hat es nicht gefehlt –, die sie von einem geistlichen Leben abhielten. Als dann der Vater starb, reizte die Anfrage von P. Pichon, ob Céline nicht in der Mission in Kanada wirken wollte. Daß Célines Weg schließlich doch in den Karmel führte, hatte Thérèse schon lange „gespürt".

„Je sens" – ich spüre es, wie Thérèse immer schrieb, wenn sie von etwas ein inneres Wissen besaß. Und in den Briefen führt auch eine gerade Linie von der „Einheit zweier Seelen" zu der „einen Sendung". „Je länger wir leben, umso mehr lieben wir Jesus, und da wir uns in ihm lieben, wird unsere Zuneigung so stark, daß es weit mehr Einheit ist als Vereinigung, die zwischen unseren beiden Seelen besteht"[5], schrieb Thérèse 1891, und ein Jahr später: „Unsere Berufung ist es nicht, auf die reifen Getreidefelder zur Ernte hinauszugehen ... Unsere Sendung ist viel erhabener. So heißen die Worte unseres Jesus ... Bittet mich um Arbeiter, und ich werde sie schicken. Ich erwarte nur ein Gebet, einen Seufzer eures Herzens." Daß sich diese Sendung auch in derselben Lebensweise, nämlich der einer Unbeschuhten Karmelitin, verwirklichen sollte, wird dann spätestens am 14. September 1894 sichtbar, als Céline in den Karmel von Lisieux eintrat und den Ordensnamen Geneviève de la Sainte-Face et de Sainte-Thérèse annahm.

Thérèses Briefe an Céline enden hier. War sie in den Jahren zuvor oft an die Grenze ihrer sprachlichen Ausdrucksfähigkeit gestoßen, etwa wenn sie Céline schrieb: „Ich möchte, daß mein Herz und alles, was es einschließt, Dir bekannt sei, doch es gibt Dinge, die man nicht schreiben kann und die nur das Herz versteht", so überspringen die beiden Liebenden nun die Grenze des geschriebenen Wortes, um sich im Reich

---

[5] Briefe, Nr. 132, S. 177.

des Schweigens zu begegnen. „Die Trennung vereinte uns in einer Weise, für welche die Sprache keinen Ausdruck hat. Die kindliche Zärtlichkeit wandelte sich in eine Vereinigung der Gefühle, eine Einheit der Seele, des Denkens ... Jesus zog uns gemeinsam, wenn auch auf verschiedenen Wegen." Wie auch die Mauern des Karmels keine Trennung zwischen ihnen bedeutete, sondern nach Thérèses Eintritt die Bande der Liebe noch enger geworden waren, so war auch Thérèses früher Tod – sie starb an den Folgen einer Tuberkulose am 30. September 1897 – nur ein Vorbote des ewigen Einsseins im Himmel.

Zur Liebe berufen

Thérèse ist verliebt in die Liebe. „Meine Berufung", sagt sie, „ist die Liebe", und von sich selbst als dem kleinen Vogel sprechend, der der göttlichen Sonne zwar entgegenfliegen will, aber aus sich selbst nicht einen einzigen Flügelschlag vermag, fährt sie fort: „Der kleine Vogel betrübt sich nicht einmal. In einem verwegenen Sichüberlassen will er im Anblick seiner göttlichen Sonne verharren; nichts kann ihn erschrecken, weder Wind noch Regen, und wenn düstere Wolken ihm das *Liebesgestirn* verbergen, so rührt sich der kleine Vogel nicht von der Stelle ... Das ist dann der Augenblick der *vollkommenen Freude* für das *arme, schwache Wesen*. Welches Glück für ihn, trotz allem zu *bleiben,* das Auge unverwandt auf das unsichtbare Licht gerichtet, das sich seinem Glauben entzieht!!!"[6] Diese Liebe ist nicht „süß", sondern überaus mutig, ja, von demütiger Radikalität.

Thérèse ist sich der menschlichen Ungenügsamkeit auf dem Weg zu Gott in einer solchen Radikalität bewußt, daß auch ihre Lösung von höchster Radikalität zeugt: absolute Einbindung in die Liebe, was eine Hochform an Demut verlangt. „Welches Glück, gedemütigt zu werden." schrieb sie

---

[6] Selbstbiographische Schriften, S. 200, S. 204 ff.

im Februar 1889 an Céline, „es ist der einzige Weg, auf dem man heilig wird."

Beide, Liebe und Radikalität, gehören bei Thérèse untrennbar zusammen, und zwar nicht wie die zwei Seiten derselben Medaille, sondern wie Quelle und Fluß. Thérèse ist bekannt als die „kleine", ein Name, der durchaus in die Irre führen kann. Im Reich der Liebe nämlich herrscht eine andere „Logik" als im Reich der Begriffe. Ihr Lebenswandel ist Ausfluß der Liebe und als solcher wie ein reißender Fluß, der zwar zur Ruhe kommt, wenn er ins Meer einmündet, aber dorthin nur gelangt, indem sich die Wasserschnellen wie spielerisch einen abgrundtiefen Wasserfall hinunterstürzen.

Thérèses Schriften lehren einen „kleinen Weg", der vor allem dem Weg der zu ihrer Zeit gepredigten Werkgerechtigkeit entgegenläuft, um einem Leben in der Liebe Raum zu geben. „Groß" ist der Weg der heroischen Askese, die meint, durch menschliche Leistung zur Vollkommenheit zu gelangen. Der „kleine Weg", das ist der Weg der Liebe, der Weg des „verwegenen Sichüberlassens", der Weg der „Hingabe des kleinen Kindes, das angstlos in den Armen seines Vaters einschläft"[7].

So kann sie Kreuz und Leid nicht als schweres Los des einzelnen verstehen, sondern als Zeichen Seines „Blickes unsagbarer Liebe". Diesbezüglich erklärte Thérèse ihrer Schwester Céline: „Ich fühle, kleine unverwelkliche Lilie, daß ich Dir wahre Torheiten sage, aber was tut's, ich denke noch viel anderes über die Liebe Jesu, das vielleicht noch drastischer ist als das, was ich Dir sage."

Schon in ganz jungen Jahren, kaum sechzehnjährig, enthüllt sich eine Fähigkeit, für deren Einübung Menschen, die von der Meditation angezogen sind, ein ganzes Leben benötigen. Es ist der Blick „von oben", d. h. Maßstab ist die Liebe, die Gott selber ist. Ihn glauben wir zwar mit der Welt verwoben, aber diese Welt umfassend und erhaltend. Aus diesem Blickwinkel heraus sind auch die Briefe an Céline geschrie-

---

[7] Selbstbiographische Schriften, S. 192, 201.

ben, die nicht nur ein persönliches, sondern ein paradigmatisches Zeugnis einer geistlichen Freundschaft darstellen, und aus diesem Blickwinkel wollen sie auch „verstanden" werden.

Die Sprache der geistlichen Freundschaft

„Céline, Du allein kannst meine Sprache verstehen. In den Augen der Geschöpfe sieht unser Leben sehr verschieden aus, sehr getrennt, doch ich weiß, daß Jesus unsere Herzen in so wunderbarer Weise vereinte, daß, was das eine Herz bewegt, auch das andere durchbebt ..." Thérèse und Céline haben eine gemeinsame Sprache, die die anderen nicht ohne weiteres verstehen. Sicherlich sind sie Kinder ihrer Zeit und natürlicherweise in einem heutzutage „süßlich" bis „kitschig" anmutenden Sprachgebrauch groß geworden. Thérèse aber gelingt es, die Sprache ihrer Zeit so zu verwenden, daß die Bilder und Methaphern durchsichtig werden für eine Wirklichkeit, die die Grenzen von Raum und Zeit überspringt. Es sind naive, kindliche Bilder, z.B. die vom Gänseblümchen oder Tautropfen, auf die wir in den Briefen an Céline stoßen. Läßt man sich aber einfach einmal auf diesen Sprachduktus ein, was dem auf Objektivität und klare Begrifflichkeit geschulten Leser von heute zunächst schwerfallen mag, so erfährt man, wie das Floskelhafte religiösen Sprechens im 19. Jahrhundert aufgebrochen ist, um über das sprachliche Zeichen tiefe religiöse Erfahrungen zu vermitteln.

Thérèse wird die Bildwelt der Natur zum Analogon für die Erfahrungen des geistlichen Lebens. Sie ist sich ihres Sprechens in Ähnlichkeiten durchaus bewußt: „Gut nur," schrieb sie an Céline, „daß ich mit Dir rede, denn die anderen Menschen würden meine Sprache nicht verstehen, und ich gebe zu, daß sie auch nur für sehr wenige Seelen zutrifft."

Man täusche sich nicht, trotz aller sprachlichen Naivität war Thérèse ein Mensch, der Anfechtungen und die „dunkle Nacht des Glaubens" während der ganzen Zeit ihrer schweren Krankheit durchlebte.

Menschliche Freundschaft in Gott ist berauschend, ist ein letztlich unergründliches Geheimnis und entzieht sich wie alles Geheimnisvolle dem sprachlichen Zugriff. Die Freundschaft zwischen Thérèse und Céline, in der die eine die Vertraute des Herzens der anderen ist, wird uns in ihren Briefen zu einem Spiegel hinreißender Liebe, einer Liebe in Gott.

Wenn wir diesem Geheimnis sprachlich nachspüren, dann ist der sicherlich entsprechendste Weg der über die Bilderwelt, die sie uns hinterlassen hat. Eine Metapher verrät kein Geheimnis, da sie den gemeinten Inhalt nicht einengt, sondern in seiner unergründlichen Weite beläßt. So schildert Thérèse die Freundschaft, ja, Seeleneinheit, zwischen ihr und Céline im Bild einer Gänseblume mit zwei Stengeln, die von den gleichen Säften genährt wird. „Die Wiese im Karmel bietet mir dieses Jahr ein symbolisches Geschenk ... Eines Tages fiel mir auf der Grasfläche, die mit den einfachen weißen Gänseblümchen ganz übersät war, eines auf mit hochaufgeschossenem Stengel, das die anderen an Schönheit übertraf. Als ich näher zusah, entdeckte ich zu meiner Überraschung, daß es statt eines Gänseblümchens zwei deutlich voneinander unterschiedene waren. Angesichts der beiden so eng miteinander verbundenen Stengel dachte ich sofort an das Geheimnis *unserer Seelen* ... Ich begriff: Wenn Jesus in der Ordnung der Natur so wunderbare Dinge unter unseren Füßen ausstreut, geschieht es nur, um uns zu helfen, die verborgenen Geheimnisse zu erraten, die er in den Seelen wirkt und die einer höheren Ordnung angehören ..." Wäre da nicht jedes erklärende Wort zuviel?

BRIEFE

Karmel, den 12. März 1889

Céline!... Dieser Name klingt so süß im Grund meines Herzens!... Stehen unsere beiden Herzen nicht restlos miteinander in Einklang?...

Heute abend fühle ich das Bedürfnis, mich mit meiner Céline ins Unendliche hinein zu versenken. Ich muß die Erde vergessen, alles hienieden ermüdet mich, alles ist mir zur Last. Ich finde nur eine Freude: jene, für Jesus zu leiden, aber diese Freude, die *nicht fühlbar* ist, übersteigt jede Freude!...

Das Leben vergeht... Die Ewigkeit naht mit Riesenschritten... Bald werden wir Jesu Leben selbst leben... Nachdem wir an der Quelle aller Bitternis getränkt worden sind, werden wir an der Quelle aller Freuden, aller Wonnen vergöttlicht... Bald, Schwesterlein, werden wir mit einem einzigen Blick erfassen können was im Innersten unseres Wesens geschieht!

Die Gestalt dieser Welt VERGEHT. Bald werden wir neue Himmel schauen. Eine strahlendere Sonne wird in ihrem Glanz himmlische Meere, unendliche Horizonte aufleuchten lassen! Die Unermeßlichkeit wird unser Bereich sein. Wir werden nicht mehr die Gefangenen dieser Welt der Verbannung sein... *alles* wird VERGANGEN sein! Mit unserem himmlischen Bräutigam segeln wir auf uferlosen Seen...

Die Unendlichkeit hat keine Grenzen, keinen Grund, kein Ufer!... Mut, Jesus hört noch den letzten Widerhall unseres Schmerzes. Gegenwärtig sind unsere Harfen an den Ufern des Flusses von Babylon aufgehängt (Ps 137, 1–2)... aber welche Harmonien werden wir am Tag unserer Befreiung zum Ausdruck bringen,... mit welcher Freude werden wir alle Saiten unseres Instruments erklingen lassen!

Jesu Liebe zu Céline kann nur von Jesus selbst verstanden

werden!... Jesus hat für Céline Torheiten begangen. Möge auch Céline für Jesus *Torheiten* begehen. Liebe wird nur mit sich selber bezahlt, und die *Wunden* der Liebe werden nur durch die Liebe geheilt.

Bieten wir unsere Leiden Jesus dar, um Seelen zu retten, arme Seelen! Sie haben weniger Gnaden als wir, und dennoch wurde das ganze Blut eines Gottes vergossen, um sie zu retten. Dennoch möchte Jesus wohl ihr Heil von einem Seufzer unseres Herzens abhängig machen. Welches Geheimnis!... Wenn ein Seufzer *eine Seele* retten kann, was vermögen dann Leiden wie die unseren zu bewirken? Verweigern wir Jesus nichts!...

Die Glocke läutet, und ich habe meiner armen Léonie noch nicht geschrieben. Auf bald!... Oh, der Himmel, der Himmel, wann werden wir dort sein?

Das kleine *Sandkorn Jesu.*

*

15. März 1889

Danke für Deinen lieben Brief, er hat dem kleinen Sandkorn *Freude* gemacht!...

In einem Deiner Briefe sagtest Du kürzlich, Du seist mein Schatten[8]. Ach, es wäre sehr traurig, wenn dem so wäre, denn was ist schon der Schatten eines armen Sandkörnleins?...

Ich habe für meine geliebte Céline etwas Besseres ausgedacht. Der Gedanke vom Schatten gefiel mir. Ich sagte mir, tatsächlich muß meine Céline der Schatten von etwas sein, aber von was? In den geschaffenen Dingen vermag ich nichts zu finden, das meiner Vorstellung von jener Wirklichkeit

---

[8] Céline in einem Brief vom 1.3.89: „Ich will nicht, daß Du Dich das kleine Sandkorn nennst, denn das ist nicht wahr. Beharrst Du aber darauf, Dich so zu nennen, dann nenne mich das nicht wahrnehmbare Atom, und die Dinge liegen richtig. Ich komme stets *nach* Dir; ich bin Dein anderes Ich, aber Du bist die Wirklichkeit, und ich bin nur Dein Schatten" (C I 416).

entspräche, deren getreuer Schatten meine Céline sein soll...
Jesus selbst muß diese *göttliche Wirklichkeit* sein!

Ja, Céline muß Jesu kleiner Schatten sein... Welch bescheidener und zugleich ehrenvoller Titel, denn was ist ein Schatten?... Aber Jesu Schatten, welche Herrlichkeit!...

Der Traum [9] meiner Céline ist sehr schön, vielleicht wird er eines Tages verwirklicht... aber beginnen wir einstweilen unser Martyrium, lassen wir Jesus uns alles entreißen, was uns am teuersten ist, und verweigern wir ihm nichts. Sterben wir an Nadelstichen, bevor wir durch das Schwert sterben... Versteht Céline?...

Das kleine Sandkorn vereinigt sich im Leiden mit Jesu kleinem *Schatten*.

Sr. Thérèse vom Kinde Jesus, vom Hl. Antlitz
nov. carm. ind.

*

Karmel, 26. April 89

Jesus beglückwünscht seine Braut zu ihrem zwanzigsten GEBURTSTAG!

Das zwanzigste Jahr, wie fruchtbar an *Leiden,* an erlesenen Gnaden! Zwanzig Jahre! Ein Alter voller Illusion... sage mir, welche Illusion beläßt Du im Herzen meiner Céline?

Welche Erinnerungen zwischen uns!... Es ist eine Welt... Ja, Jesus hat seine Vorlieben. In seinem Garten gibt es Früchte, die die Sonne seiner Liebe fast in einem Augenblick reifen läßt. Warum gehören wir zu diesen?... Eine Frage voller Geheimnis. Welchen Grund kann uns Jesus dafür angeben? Ah! sein Grund ist, daß er keinen Grund hat!... Céline!... Nützen wir die Bevorzugung Jesu, der uns in wenig Jahren so vieles gelehrt hat. Vernachlässigen wir nichts, was ihm Freude machen könnte! Ah! Lassen wir uns von der Sonne seiner *Liebe* golden färben. Diese Sonne brennt...

---

[9] In einem Brief vom 13. 3. erzählt Céline von einem Traum, in dem Therese das Martyrium erlitten habe, Céline selbst aber erwachte, bevor sie an den erduldeten Qualen sterben konnte (C I 470).

Verzehren wir uns aus *Liebe!* Der hl. Franz von Sales sagt: „Wenn das Feuer der Liebe in einer Seele ist, dann fliegt der ganze Hausrat zum Fenster hinaus". Oh! lassen wir nichts, nichts in unserem Herzen außer Jesus!

Glauben wir nicht, daß wir lieben können, ohne zu leiden, ohne viel zu leiden ... Unsere *arme* Natur ist da! Und sie ist nicht umsonst da! Sie ist unser Reichtum, unser Broterwerb! Sie ist so kostbar, daß Jesus eigens dazu auf die Erde kam, um sie zu besitzen.

Leiden wir mit Bitternis, ohne Mut! „Jesus hat mit *Traurigkeit* gelitten! Würde die Seele ohne Traurigkeit überhaupt leiden!" Und wir möchten großmütig, großherzig leiden!... Céline! Welche Illusion!... Wollen wir niemals fallen?... Was macht es Jesus aus, wenn ich jeden Augenblick falle. *Ich sehe* daran meine Schwachheit, und für mich ist es ein Gewinn. *Du siehst* daran, was ich tun kann, und jetzt bist Du geneigter, mich in Deinen Armen zu tragen. Tust Du es nicht, dann gefällt es Dir, mich *am Boden* zu sehen. Dann werde ich mich nicht beunruhigen, sondern ich erhebe meine Hände bittend und voll Liebe zu Dir! Ich kann nicht glauben, daß Du mich verläßt.

Geliebte Céline, süßer Widerhall meiner Seele! Wenn Du mein Elend kenntest! Oh, wenn Du wüßtest ... Die Heiligkeit besteht nicht darin, schöne Dinge zu sagen, sie besteht nicht einmal darin, sie zu denken oder zu fühlen!... Sie besteht darin zu *leiden*, und *an allem* zu leiden. „Die Heiligkeit! Sie muß mit der Spitze des Schwertes erobert werden. Man muß *leiden* ... man *muß mit dem Tode ringen!*" ...

Es kommt der Tag, da die Schatten dahinschwinden. Dann wird nichts bleiben als Freude, Trunkenheit ...

Nützen wir unseren einzigen Augenblick des Leidens aus! Schauen wir nur auf jeden einzelnen Augenblick! Ein Augenblick ist ein Kleinod ... Ein einziger Akt der Liebe läßt uns Jesus besser erkennen ... er wird uns ihm für die ganze *Ewigkeit* näher bringen!

Sr. Thérèse vom Kinde Jesus, vom Hl. Antlitz
nov. carm. ind.

Karmel, 14. Juli 89

Meine geliebte Céline,

Meine Seele verläßt Dich nicht. Sie erleidet mit Dir das Exil! Oh! was kostet es zu leben, auf dieser Erde voll Bitterkeit und Ängsten zu verbleiben ... Aber morgen ... in einer Stunde sind wir im Hafen. Welches Glück! Ach, wie gut wird es sein, die *ganze* Ewigkeit Jesus *von Angesicht zu Angesicht* schauen zu dürfen! Immer, immer mehr Liebe, immer mehr trunken machende Freude ... Ein wolkenloses Glück ...

Wie hat Jesus es denn fertiggebracht, unsere Seelen so von allem Geschaffenen zu lösen? Ach, er hat uns einen schweren Schlag versetzt, aber es ist ein Schlag der Liebe. Gott ist bewunderungswürdig, vor allem aber ist er liebenswert, lieben wir ihn also. Lieben wir ihn so, daß wir alles für ihn erleiden, was er will, *auch* die Schmerzen der Seele, die Trockenheit, die Ängste, die scheinbare Herzenskälte. Ach, es ist eine große Liebe, Jesus zu lieben, ohne die Süßigkeit dieser Liebe zu fühlen ... Das ist ein Martyrium ... Nun, *sterben wir als Märtyrer.* Oh! meine Céline ... süßer Widerhall meiner Seele, verstehst Du? ... Das unbekannte Martyrium, das Gott allein bekannt ist, das das Auge des Geschöpfes nicht zu entdecken vermag, ein Martyrium ohne Ehre, ohne Triumph. Das ist die Liebe bis zum Heroismus. Aber eines Tages wird Gott dankbar ausrufen: „Nun ist es an mir!", oh, was werden wir dann schauen? ... Was ist dieses Leben, das kein Ende haben wird? Gott wird die Seele unserer Seele sein ... Unergründliches Geheimnis ... Das Auge des Menschen hat das ungeschaffene Licht nicht geschaut, sein Ohr hat die unvergleichlichen Harmonien nicht vernommen, und sein Herz vermag nicht zu ahnen, was Gott denen vorbehält, die ihn lieben. Und dies alles wird *bald* geschehen, ja, bald. Beeilen wir uns, unsere Krone zu gestalten, strecken wir die Hände aus, die Palme zu ergreifen, und wenn wir viel lieben, wenn wir Jesus leidenschaftlich lieben, dann wird er nicht so grausam sein und uns lange auf dieser Erde der Verbannung lassen ... Céline, verlieren wir nicht unsere Zeit während der KURZEN

AUGENBLICKE, die *uns verbleiben* ... Retten wir Seelen ... Die Seelen gehen verloren wie Schneeflocken, und Jesus weint, und wir ... wir denken an unseren Schmerz, ohne unseren Bräutigam zu trösten.

O meine Céline, leben wir für die Seelen ... Seien wir Apostel ... Retten wir vor allem die Seelen der Priester. Diese Seelen müßten durchscheinender sein als Kristall ... Ach, wieviele schlechte Priester, Priester, die nicht heilig genug sind ... Beten wir, leiden wir für sie, und am Jüngsten Tag wird uns Jesus *dankbar* sein. Wir werden ihm Seelen darbieten! ...

Céline, verstehst Du den Schrei meines Herzens? Miteinander ... Immer miteinander

Céline und The. vom K. Jesus vom Hl. Antlitz
nov. carm. ind.

*

15. Oktober 1889
Meine geliebte Céline,

Wenn Du wüßtest, wie sehr Du das Herz Deiner Th. gerührt hast! Deine kleinen Blumentöpfe sind ENTZÜCKEND. Céline, Dein Brief hat mich sehr, sehr gefreut. Ich habe gefühlt, wie sehr unsere Seelen dazu geschaffen sind, einander zu verstehen, denselben Weg zu gehen! Das Leben ... ach, es ist wahr, es hat für uns keinen Reiz mehr ... Doch ich irre mich: zwar ist der Zauber der Welt für uns vergangen, er ist ein Rauch ... doch die *Wirklichkeit* bleibt uns. Ja, das Leben ist ein Schatz. Jeder Augenblick ist eine Ewigkeit, eine Ewigkeit von Freude für den Himmel, eine Ewigkeit, Gott von *Angesicht zu Angesicht* zu sehen, nur eins mit ihm zu sein! Es gibt nichts außer Jesus, der *ist;* alles übrige *ist nicht.* Denn unsere Sendung ist es, uns zu *vergessen,* zu nichts zu werden. Lieben wir ihn also bis zur Torheit, retten wir für ihn Seelen. Wir sind so gering ... Und dennoch will Jesus, daß das Heil *von Seelen* von unseren Opfern und unserer Liebe abhängt, er bettelt uns um Seelen ... Ah, verstehen wir seinen *Blick!* So wenige vermögen ihn zu verstehen. Céline, das Leben wird kurz sein, die Ewigkeit ist ohne Ende. Machen wir unser Leben zu einem beständigen Opfer, zu einem Martyrium der Liebe, um Jesus zu trösten. Es will nur *einen Blick,* einen Seufzer, aber einen Blick und einen Seufzer für *ihn allein!* Daß doch jeder Augenblick unseres Lebens *ihm allein* gehöre. Die Geschöpfe sollen uns nur im Vorübergehen berühren ... In der Nacht, in der einzigen Nacht des Lebens, die es nur *einmal* gibt, gilt es nur eines zu tun: lieben, Jesus lieben mit der ganzen Kraft unseres Herzens, und ihm Seelen zu retten, damit er geliebt werde ... O, dahin wirken, daß Jesus geliebt werde! Céline! Wie gut ich mit Dir sprechen kann ... Es ist, als spräche ich zu meiner Seele. Céline, es scheint mir, daß ich Dir alles sagen kann ...

Sr. Thérèse vom Kinde Jesus, vom Hl. Antlitz
nov. carm. ind.

*

20. Oktober 1890
Meine geliebte Céline,

Deine Thérèse kommt, Dir zum Fest zu gratulieren! Schon lange denkt sie daran; so wird sie dieses Jahr nicht die letzte sein. Céline, vielleicht ist es das letztemal, daß Dein Namenstag auf der Erde gefeiert wird![10] ... vielleicht! ... Welch zarte Hoffnung ... Im nächsten Jahr wird die auf Erden unbekannte *Blume Céline* vielleicht am Herzen des göttlichen Lammes ruhen; aber die entzückten Augen der Engel werden dann statt eines armen Blümchens ohne Schönheit eine Lilie in blendend weißem Glanz erblicken! ...

Céline, das Leben ist sehr geheimnisvoll. Wir wissen nichts ... Wir sehen nichts ... Und doch hat Jesus unseren Seelen schon enthüllt, was kein menschliches Auge gesehen hat! Ja, unser Herz fühlt voraus, was kein Herz verstehen kann, denn bisweilen fehlen uns die Gedanken, um ein Ich-

---

[10] Céline leidet an Herzstörungen.

weiß-nicht-was, das wir in unserer Seele fühlen, auszudrükken!...

Céline, ich schicke Dir *zwei Céline*-Blumen[11] zum Namenstag. Du wirst ihre Sprache verstehen... ein und derselbe Stengel trägt sie, dieselbe Sonne ließ sie miteinander wachsen, derselbe Strahl brachte sie zum Erblühen, und zweifellos werden sie am selben Tage sterben!...

Den Augen der Geschöpfe fällt es nicht ein, bei einer kleinen *Céline-Blume* zu verweilen, und dennoch ist ihr weißer Blütenstern voller Geheimnis. Er trägt in seinem Herzen eine große Zahl anderer Blumen, zweifellos die Kinder *seiner Seele* (die Seelen), und ihr weißer Kelch ist innen rot, als wäre er von ihrem Blut gerötet!...

Céline! Sonne und Regen können über diese kleine unbekannte Blume kommen, ohne sie zu zerstören! Niemand fällt es ein sie zu pflücken!... aber ist sie nicht deshalb jungfräulich? Ja, weil Jesus allein sie gesehen hat, weil er sie für sich allein geschaffen hat. Oh! dann ist sie glücklicher als die strahlende Rose, die nicht für Jesus allein ist!

Céline, es scheint mir, der liebe Gott hat nicht *Jahre* nötig, um sein Werk der Liebe in einer Seele zu vollbringen. Ein Strahl seines Herzens kann in einem Augenblick seine Blume für die Ewigkeit erblühen lassen!...

Deine Thérèse v. Kinde Jesus und
vom Hl. Antlitz.
rel. carm. ind.

*

26. April 1892

Meine geliebte Céline,

Die Wiese im Karmel bietet mir dieses Jahr ein symbolisches Geschenk. Ich bin glücklich, es Dir zur Vollendung Deines 23. Lebensjahres überreichen zu können... Eines Tages fiel mir auf der Grasfläche, die mit den einfachen weißen Gänse-

---

[11] Winterastern; Thérèse schenkte sie Céline jedes Jahr in den Buissonetts in Lisieux.

blümchen ganz übersät war, eines auf mit hochaufgeschossenem Stengel, das die anderen an Schönheit übertraf. Als ich näher zusah, entdeckte ich zu meiner Überraschung, daß es statt eines Gänseblümchens zwei deutlich voneinander unterschiedene waren. Angesichts der beiden so eng miteinander verbundenen Stengel dachte ich sofort an das Geheimnis *unserer Seelen* ... Ich begriff: Wenn Jesus in der Ordnung der Natur so wunderbare Dinge unter unseren Füßen ausstreut, geschieht es nur, um uns zu helfen, die verborgenen Geheimnisse zu erraten, die er in den Seelen wirkt und die einer höheren Ordnung angehören ...

Céline, ich fühle, Du hast Deine Thérèse bereits verstanden. Dein Herz hat schon erraten, was in diesem anderen Herzen vorgeht, das dem Deinen so eng vereint ist, daß derselbe Lebenssaft sie ernährt?... Und doch möchte ich Dir von einigen Geheimnissen sprechen, die in meinem Blümchen verborgen sind.

Zur Freude unserer Augen und um unsere Seelen zu unterweisen, hat Jesus eine Fülle von Gänseblümchen erschaffen. Mit Staunen sehe ich, wie am Morgen ihre rosa Blumenkronen der Morgenröte zugewandt sind. Sie erwarten den Sonnenaufgang. Sobald dieses leuchtende Gestirn sie mit einem seiner warmen Strahlen berührt, öffnen die schüchternen Blümchen ihre Kelche, und ihre zierlichen Blumenblätter bilden eine Krone, die ihre gelben Herzchen freilegt und diesen Blumen sogleich eine große Ähnlichkeit mit der Sonne verleihen, die sie mit ihrem Licht getroffen hat. Den ganzen Tag über sind die Gänseblümchen immerfort der Sonne zugewandt und drehen sich mit ihr bis zum Abend. Ist sie dann untergegangen, so schließen sie rasch wieder ihre Kelche, und ihr Weiß wird wieder rosa ...

Jesus ist die göttliche Sonne, und die Gänseblümchen sind seine Bräute, die Jungfrauen. Hat Jesus eine Seele angeschaut, so schenkt er ihr sogleich seine göttliche Ähnlichkeit, aber der Blick dieser Seele muß ununterbrochen auf *Ihn allein* gerichtet sein.

Wollte ich die Geheimnisse der Gänseblümchen entwikkeln, dann müßte ich ein ganzes Buch schreiben. Aber meine Céline versteht alles. Deshalb möchte ich ihr von den Einfällen Jesu erzählen ...

Jesus hat auf seiner Wiese viele Gänseblümchen, doch sie stehen gesondert voneinander, und jedes empfängt für sich die Sonnenstrahlen. Eines Tages neigte sich der Bräutigam der Jungfrauen zur Erde, vereinigte zwei kleine, kaum entsprossene Knospen eng miteinander. Ihre Stengel bildeten ein Ganzes, und ein einziger Blick ließ sie aufwachsen. Gemeinsam entfalteten sich diese Blümchen, die zu einer *einzigen Blume* geworden waren, und jetzt richtet das Zwillings-Gänseblümchen seinen Blick auf die göttliche Sonne und erfüllt so seine Sendung, die eine einzige ist ...

Céline, Du allein kannst meine Sprache verstehen. In den Augen der Geschöpfe sieht unser Leben sehr verschieden aus, sehr getrennt, doch ich weiß, daß Jesus unsere Herzen in so wunderbarer Weise vereinte, daß, was das eine Herz bewegt, auch das andere durchbebt ... (Wo euer Schatz ist, da ist euer Herz.) Unser Schatz ist Jesus, und unsere Herzen sind nur eines in ihm. Ein und derselbe Blick riß unsere Seelen hin, ein von Tränen verschleierter Blick; das Zwillings-Gänseblümchen ist entschlossen, diese Tränen zu trocknen. Seine bescheidene weiße Blumenkrone wird der Kelch sein, der die kostbaren Diamanten auffängt, um sie dann über die anderen Blumen auszugießen, die – weniger bevorzugt – nicht den ersten Blick ihres Herzens auf Jesus richteten ... Vielleicht wird das Gänseblümchen am Abend seines Lebens dem göttlichen Bräutigam seinen rosa gefärbten Blumenkelch darreichen ...

Thérèse vom Kind Jesu, vom Hl. Antlitz
rel. carm. ind.

*

19. Oktober 1892

Meine liebe Céline,

Früher, in den Tagen unserer Kindheit, freuten wir uns über unseren Namenstag wegen der kleinen Geschenke, die wir gegenseitig austauschten. Der geringste Gegenstand hatte in unseren Augen einen unvergleichlichen Wert... Bald hat sich die Szene verändert. Als dem kleinsten Vogel die Flügel gewachsen waren, flog er weit weg vom heimeligen Nest seiner Kindheit. Damit waren alle Illusionen dahin! Der Sommer war dem Frühling gefolgt, den Träumen der Jugend die Wirklichkeit des Lebens...

Céline, geschah es nicht zu diesem Zeitpunkt, daß die Bande, die unsere Herzen miteinander verketteten, sich noch enger schlossen? Ja, die Trennung vereinte uns in einer Weise, für welche die Sprache keinen Ausdruck hat. Die kindliche Zärtlichkeit wandelte sich in eine Vereinigung der Gefühle, eine Einheit der Seelen, des Denkens. Wer hat dieses Wunder zustande gebracht?... Ah! das war jener, der unsere Herzen entzückte... Jesus zog uns gemeinsam an sich, wenn auch auf verschiedenen Wegen...

Céline, ich kann Dir nicht sagen, was ich sagen möchte. Meine Seele ist nicht dazu imstande... Ah, könnte ich es! Aber nein, das liegt nicht in meiner Macht. Warum soll ich darüber traurig sein? Denkst Du nicht immer, was ich denke? ... So errätst Du alles, was ich Dir nicht zu sagen vermag. Jesus läßt es Dich in Deinem Herzen fühlen. Hat Er dort nicht seine Wohnung aufgeschlagen, um sich über die Verbrechen der Sünder zu trösten? Ja, hier in der innersten Zurückgezogenheit der Seele unterweist Er uns gemeinsam, und einmal wird er uns den Tag zeigen, der keinen Abend kennt...

Ein schönes Fest; wie schön wird es für Deine Thérèse sein, Dich im Himmel feiern zu können!...

*

25. April 1893

Meine geliebte Céline,

Ich will Dir einen Gedanken sagen, der mir heute früh kam, oder besser Dir mitteilen, was Jesus für Deine Seele wünscht ... Wenn ich bei dem einzigen Freund unserer Seelen an Dich denke, so steht mir als unterscheidendes Merkmal Deines Herzens immer die Schlichtheit vor Augen.

... Jesus hat uns gesagt: „Ich bin die *Blume* der *Felder* und die Lilie der Täler" (Hld 2, 1) ... Céline, Jesu kleine Blume, müßte stets ein *Tautropfen* sein und bleiben, der im göttlichen Blütenkelch der schönen Lilie der Täler verborgen ist. Gibt es Einfacheres und Reineres als einen Tautropfen? Nicht durch die *Wolken* kommt er zustande, neigt sich doch der Tau auf die Blumen herab, wenn der azurblaue Himmel mit Sternen übersät ist. Er ist auch nicht mit dem Regen zu vergleichen, den er an Frische und Schönheit übertrifft. Nur während der Nacht ist der Tau da, und sobald die Sonne ihre warmen Strahlen sendet, löst er sich in jene bezaubernden Perlen auf, die an den Enden der Grashalme auf der Wiese glänzen und sich in einen leichten Dunst verwandeln.

Céline ist ein kleiner Tautropfen, der nicht von den Wolken gebildet wurde, sondern aus dem schönen Himmel, seiner Heimat, herniederkam. Während *der Nacht* des Lebens ist es ihr Auftrag, sich im Herzen *der Blume der Felder* zu verbergen. Kein menschlicher Blick darf sie dort entdecken. Nur jener Kelch, der dieses Tautröpfchen besitzt, wird seine Frische verkosten. Glücklicher kleiner Tautropfen, nur von Jesus erkannt!... Die Lilie des *Tals* sehnt sich nur nach einem kleinen Tautropfen ... Und deshalb hat Er einen geschaffen namens Céline ...

Welcher Vorzug, zu einer so erhabenen Sendung berufen zu sein!... Aber wie einfach muß man bleiben, um ihr zu entsprechen ... Jesus weiß wohl, wie schwer es ist, sich auf Erden rein zu bewahren, deshalb will er, daß seine Tautropfen sich selbst außer acht lassen. Er betrachtet sie gerne, aber Er allein sieht sie, und sie selbst kennen ihren Wert nicht und halten sich für geringer als die anderen Geschöpfe ... Das ist es, was die Lilie der Täler wünscht. Der kleine Tautropfen Céline hat verstanden ... Dazu hat Jesus sie geschaffen, doch darf sie ihre arme kleine Schwester nicht vergessen. Sie muß ihr erbitten, das zu verwirklichen, was Jesus sie verstehen lehrt, damit einmal derselbe Liebesstrahl beide Tautropfen auflöst und sie, nachdem sie auf Erden eins waren, in alle Ewigkeit im Schoß der göttlichen Sonne vereint sein können.

Thérèse vom Kinde Jesus, vom Hl. Antlitz
rel. carm. ind.

*

6. Juli 1893

Meine geliebte Céline.

... Ich fühle mich mit meiner Céline innig vereint... Ich glaube, der liebe Gott hat selten zwei Seelen geschaffen, die sich so gut verstehen; niemals ein Mißklang. Wenn Jesu Hand eines der beiden Saitenspiele anschlägt, erklingt gleichzeitig auch das andere... O! bleiben wir verborgen in der göttlichen Blume des Feldes, bis die *Schatten verschwinden* (Hld 4,6). Überlassen wir es den *köstlichen* Tropfen, von den Geschöpfen geschätzt zu werden; da wir *unserer Lilie* gefallen, seien wir glücklich, sein Tropfen, sein einziger Tautropfen zu sein!... Und was wird Er uns für diesen Tropfen, der ihn in der Verbannung getröstet hat, in der Heimat nicht alles schenken?... Er sagt es uns Selber: „Wen dürstet, der komme *zu mir* und trinke" (Joh 7,37). So ist und wird also Jesus unser *Ozean* sein... Wie der dürstende Hirsch sehnen wir uns nach diesem Wasser, das uns verheißen ist. Aber unser Trost ist groß, daß auch wir für Jesus Ozean sind: der Ozean der Lilie der Täler!

Einzig und allein Dein Herz wird diesen Brief lesen können, denn ich selbst habe Mühe, ihn zu entziffern. Ich habe nämlich keine Tinte mehr und mußte in unser Tintenfaß *spucken,* um sie zu verlängern ... ist das nicht zum Lachen? ...

Sr. Thérèse vom Kinde Jesus, vom Hl. Antlitz
rel. carm. ind.

*

18. Juli 1893

Meine geliebte Céline,

... Der liebe Gott verlangt nichts mehr von mir ... Anfangs forderte Er unendlich viel von mir. Eine Zeitlang dachte ich: jetzt, da Jesus nichts mehr von mir verlangt, soll ich ruhig in Frieden und Liebe wandeln und nur tun, was Er von mir verlangt ... Doch es kam mir eine Erleuchtung. Die hl. Theresa sagt, man müsse die Liebe erhalten. Wenn wir in der Dunkelheit, in der Trockenheit sind, liegt *das Holz* nicht in unserer Reichweite. Aber sind wir nicht verpflichtet, wenigstens kleine Strohhalme hineinzuwerfen? Jesus ist mächtig genug, das Feuer allein zu unterhalten, doch freut er sich, wenn er sieht, daß auch wir etwas dazu beitragen. Das ist eine *Aufmerksamkeit,* die ihm Freude macht, und dann wirft Er viel Holz ins Feuer. Wir sehen das nicht, doch wir fühlen *die Kraft* der Liebesglut. Ich habe diese Erfahrung gemacht: wenn ich nichts empfinde, wenn ich UNFÄHIG bin zu *beten,* die Tugend zu üben, dann ist es an der Zeit, kleine Gelegenheiten zu suchen, *Nichtigkeiten,* die Jesus Freude bereiten, mehr Freude als die Herrschaft über die Welt oder sogar mehr als das großmütig erlittene Martyrium, beispielsweise ein Lächeln, ein liebes Wort, wenn ich nichts sagen oder ein verdrießliches Gesicht machen möchte usw. usw....

Verstehst Du, meine geliebte Céline? Es geschieht nicht, um mir einen Kranz, um mir Verdienste zu erwerben, sondern um Jesus zu erfreuen ... Bieten sich mir keine Gelegenheiten, dann will ich ihm wenigstens oft sagen, daß ich ihn liebe. Das ist nicht schwer und unterhält *das Feuer. Selbst dann,* wenn es mir vorkäme, dieses Feuer der Liebe sei erloschen, würde ich noch etwas hineinwerfen, und Jesus könnte es schon von neuem entfachen. Céline, ich fürchte, daß ich nicht habe, was nötig ist. Vielleicht glaubst Du, ich tue immer, was ich sage. O nein! Ich bin nicht immer treu, doch ich verliere nie den Mut. Ich überlasse mich ganz den Armen Jesu. Der kleine Tautropfen dringt immer tiefer in den Kelch der Blume der Felder hinein, und dort findet er alles, was er verloren hat und noch viel mehr.

Deine kleine Schwester Thérèse vom Kinde Jesus, vom Hl. Antlitz
rel. carm. ind.

*

18. Juli 1894[12]

Meine geliebte Céline,

Über die Dir auferlegten Prüfungen bin ich nicht überrascht ... Ich denke, Du bist in der ERPROBUNG: *jetzt* geschieht die Trennung, deren Notwendigkeit Du empfindest ... (*Jetzt bricht* Jesus Deine *Natur,* da er Dir Kreuz und Drangsal schickt.) Je mehr ich es überlege, desto größer ist meine innere Gewißheit, daß Du eines Tages hierherkommen wirst. Mutter Marie de Gonzague rät mir, Dir das zu sagen ...

Du nimmst vielleicht an, ich verstehe Dich nicht? Ich versichere Dir, daß ich in Deiner Seele lese ... Ich lese, daß Du Jesus treu bist, nur seinen *Willen* willst, nur seine Liebe suchst, fürchte nichts; in der *gegenwärtigen Prüfung* läutert der liebe Gott das, was an unserer Zuneigung noch zu sinnenhaft ist. Aber der Urgrund dieser Liebe ist zu rein, als daß er ihn zerbrechen würde ... Höre gut zu, was ich Dir sage. Niemals, niemals wird Jesus uns trennen ... Wenn ich vor Dir sterben sollte, glaube nicht, daß ich mich von Deiner Seele entfernen werde, nie werden wir inniger verbunden gewesen

---

[12] Hintergrund dieses Briefes ist das Vorhaben P. Pichons, Céline für die Gründung eines „Säkularinstituts" in Kanada zu gewinnen; er verpflichtete sie, ihren Schwestern im Karmel einstweilen nichts von diesem Plan zu sagen. Céline deutete die ins Auge gefaßte Trennung in verhüllten Worten in einem Brief an.

sein!... Vielleicht will Jesus Dich das fühlen lassen, wenn er Dir von Trennung spricht?... Vor allem aber mach Dir keine Sorgen, ich bin nicht krank. Im Gegenteil, ich habe eine eiserne Gesundheit, freilich kann der liebe Gott Eisen so gut wie Ton zerbrechen ... All das ist Kinderei. Denken wir nicht an die Zukunft (ich spreche von mir, denn ich betrachte die Prüfung, von der die Seele meiner geliebten Céline heimgesucht wird, nicht als Kinderei).

Was sind schon die Kreuze, die von außen kommen?... Wir könnten uns voneinander entfernen, ohne zu leiden, wenn Jesus unsere Seelen tröstete ... Ein echtes Kreuz ist das Martyrium des Herzens, das verborgene Leid der Seele und jenes, das niemand sieht. Wir können es tragen, ohne uns je zu trennen.

Ich weiß wohl, daß es ganz gleich ist, ob ich Dir das alles sage oder nicht. Deine innere Prüfung wird erst an dem Tag zu Ende sein, den Jesus bestimmt; da Er sich aber manchmal meiner bedienen will, um Deiner Seele Gutes zu tun, sind vielleicht meine Worte der Ausdruck seines Willens ... Es ist unglaublich, wie wir immer dieselben Prüfungen haben! Ein wenig früher oder später müssen wir stets aus demselben Kelch trinken.

Th. vom K. Jesus.

*

19. August 1894

Meine liebe Schwester,

So ist es also zum letzten Mal, daß ich Dir in die Welt schreibe!... Ich wußte nicht, daß ich in meinem Brief nach La Musse, worin ich Dir versprach, Du würdest bald im Karmel sein, genau die Wahrheit sagte ...

*Liebesbriefe hinter Klostermauern
des ausgehenden
zwanzigsten Jahrhunderts*

―――――――

EINLEITUNG

Das Buch neigt sich seinem Ende zu. Für einige mag es ein literarisches Zeugnis vergangener Jahrhunderte sein, das neue Perspektiven in der Geschichte der Kirche eröffnen kann. Andere haben diese Seiten zu einer tieferen Auseinandersetzung mit der Thematik der Freundschaft und der menschlichen Liebe angeregt. Priester und Ordensleute haben in den Briefen der Protagonisten dieses Buches möglicherweise ein Spiegelbild eigener Erfahrungen oder Wünsche und Sehnsüchte entdeckt. Manch einer hat sich vielleicht verletzt gefühlt, und dafür sei an dieser Stelle um Entschuldigung gebeten, ist es doch nicht beabsichtigt, mit diesem Buch zu verletzen. Seine Intention ist vielmehr, auf eine Realität aufmerksam zu machen, die die Geschichte der Kirche immer mitgestaltet hat. Oft mußte die Freundschaft sich in den „Katakomben" des gelebten Glaubens verbergen, ab und zu aber tauchten großmütige Menschen auf, die es wagten, offen und konkret für die Liebe unter Freunden einzutreten.

Auch heute gibt es Priester und Ordensleute, die „hinter Klostermauern" Freundschaften pflegen und sich zu ihnen bekennen, weil sie heilig und gottähnlich sind. Auch heute schreiben sie „Liebesbriefe", weil sie in ihrem Herzen eine ungestillte Sehnsucht nach Gott und den Menschen tragen. Derer mögen viele sein und sie bleiben unbekannt, was unbedingt zu respektieren ist. Einige Frauen und Männer jedoch, die seit vielen Jahren als Priester oder „hinter Klostermauern" leben, haben uns unabhängig voneinander für dieses Buch Briefe an eine/n Freund/in überlassen[1]. Es bedarf wohl keiner Erklärung, daß ihrem Wunsch nach Anonymität entsprochen wird.

---

[1] Diese dem Laien unzugänglichen Zeugnisse gelebter Freundschaft verdanken sich den kircheninternen Kontakten von P. Andrés Bejas O.P. in Lateinamerika und Deutschland. Für die Bereitschaft der Schreiber/innen, mitzuwirken an einer Wertschätzung der geistlichen Freundschaft, sei an dieser Stelle gedankt.

BRIEFE

Für Dich,
        weil ich Dich liebe.
Du bist so anders als ich, daß Du mir manchmal fremd bist;
  Du bist so fremd, daß mir manchmal Angst wird;
    Ich bin so voll Angst, weil Du mich vielleicht nicht lieben wirst.
  Du bist mir vielleicht so ähnlich, daß Du mich aufgeben könntest, so wie ich es schon oft getan habe.
  Und ich bin so voll Angst, weil ich vielleicht einmal aufhöre zu lieben,
    weil Du mir so fremd bist, weil ich mir so fremd bin.
  Vielleicht höre ich einmal auf zu lieben, weil ich erkenne, daß ich nicht liebe, daß ich mich danach sehne, Dich zu lieben, weil ich Dich nicht wirklich liebe.
  Du bist so anders als ich, und ich bitte Dich, mich lieben zu lernen, wie ich lieben möchte.
  Vielleicht wirst Du keines meiner Worte verstehen, vielleicht dringt kein Hauch meiner Freiheit bis in Dein Herz, vielleicht gibt es keine Welle, die eine meiner Bewegungen zu den Deinen trägt, vielleicht werden wir niemals auch nur einen Augen-blick miteinander sein oder einander begegnen, vielleicht werden wir nicht einmal aneinanderprallen und Du wirst vielleicht auch nicht schmerzlich mein Lieben erfahren.
  Es gibt Augen-blicke, in denen Du mir nicht begegnest, in denen ich Dir nicht begegne, weil ich so anders bin, weil ich nicht einfach jede Deiner Bewegungen aufnehme, nachzeichne, mitvollziehe, weil ich nicht, ohne daß Du es merkst, Dir den Raum unendlicher Freiheit schenke.
  Und manchmal glaube ich, Du habest recht, wenn Du so fühlst, denn in den Be-weg-ungen meines Herzens spüre ich schmerzlich, daß ich Dich nicht so lieben kann, wie ich es

gerne möchte. Und es tut mir unendlich weh, wenn ich fühle, daß Du an mir leidest, weil ich nicht liebe.

Und das ist meine Liebe zu Dir, daß ich Dich unvollkommen liebe und die Schmerzen ertrage, die ich uns zufüge, weil ich Dich liebe.

Und niemals werden wir einander begegnen, es sei denn in der grenzenlosen Freiheit der Liebe und für immer jetzt in der zeitenlosen Ewigkeit.

*

Liebe Marie,

Ich glaube, mit diesen Worten fange ich den längsten Brief meines bisherigen Lebens an. Ob er einmal ein Ende finden wird, das weiß ich nicht. Ob Du den Brief überhaupt bekommst, das weiß ich auch nicht. Ich schreibe ihn aber trotzdem, weil ich davon überzeugt bin, daß alles, was ich schreibe, sowieso für Dich ist, egal ob Du es liest oder nicht.

Beim Schreiben merke ich, daß ich mich nur wiederholen kann, weil es sicherlich nur weniges gibt, von dem wir uns nicht schon geschrieben haben. Wird es wirklich eine Wiederholung sein? Vielleicht auch nicht, weil immer, wenn ich Dir schreibe, bin ich vom Geist der Liebe erfüllt, und die Liebe wiederholt sich nicht. Dieser Brief wird vielleicht auch unsere innere Entwicklung mitmachen, weshalb ich vermute, daß er je nach Zeit und Seite ganz unterschiedlich (ja, widersprüchlich) sein wird.

Zur Zeit denke ich, daß meine Liebe zu Dir genauso wie meine Liebe zu Gott unendlich groß ist. Ich kann mir kaum vorstellen, daß ich jemals einen Menschen mehr lieben könnte als Dich. Es ist einfach so, daß ich mein Leben ganz von Gott und von Dir erfüllt spüre.

Gemeinhin nennt man das wohl Liebe. Aber was ist die Liebe? Wie kann man die Liebe fassen? Ist das überhaupt möglich? Wir werden niemals verstehen, warum wir uns lieben, und die Großartigkeit unserer Liebe werden wir nicht völlig durchschauen, weil sie ihre Heimat in der ewigen Liebe

Gottes hat. Sie wird immer größer sein als unser Vermögen zu lieben, weshalb unser Weg zur Liebe die Spuren der Endlosigkeit tragen wird. Hier oder dort, heute oder morgen, egal wo, egal wann, die Liebe wird immer größer als unser Herz bleiben, und unser Weg zur Liebe wird niemals enden. Wir sind unterwegs und wir bleiben unterwegs, solange wir uns lieben.

In Deinem letzten Brief sagtest Du mir, daß die Fragen viel wichtiger als die Antworten seien, und so meine ich jetzt, es ist viel wichtiger, unterwegs zur Liebe zu sein, als sie schon erreicht zu haben. Es ist nicht so, daß der Weg zur Liebe uns von der Liebe entfernt hält. Nein, der Weg zur Liebe ist die Liebe selbst, lebendig, blutig, kämpferisch. Die Liebe, die immer nach vorne strebt und immer mehr will, die Liebe, die wächst und wächst und wächst bis in die Unendlichkeit der göttlichen Ewigkeit. Weißt Du...? Wir können nur zur Liebe aufbrechen, *weil* wir uns lieben.

In Deinem Brief hast Du mich auch gefragt, wie die Liebe Tränen verwandeln könne. Die Liebe, würde ich Dir heute sagen, verwandelt die Tränen nicht. Tränen bleiben immer Tränen; sie sind das Zeichen des Glücks und des Leids, und die Liebe ist nichts anderes als Glück und Leiden. Die Liebe verwandelt die Tränen nicht, sie erfüllt die Tränen. Einmal durfte ich Deine Tränen miterleben, und in diesem Moment habe ich sowohl Dein Glück als auch Dein Leiden gespürt. Höre nie auf zu weinen, sonst wirst Du auch aufhören zu lieben. Ich weiß, ich bitte Dich um etwas Schwieriges, etwas, was ich selber oft nicht ertragen kann, aber ich kann nicht anders: ich liebe Dich, und ich weine mit Dir Deine Tränen.

Vor einiger Zeit habe ich Dir geschrieben, wir sollten uns nach der absoluten Freiheit sehnen, nach einer Freiheit, die uns von allem Irdischen losreißt und uns zu Gott trägt. Ob das möglich ist? Das weiß ich nicht, es ist mir aber klar, daß ich mein ganzes Leben aufs Spiel gesetzt habe. Alles oder Nichts! Du weißt schon, ich bin radikal, ein Extremist, oft feige und mutlos, aber die Wette ist geschlossen. Vielleicht siegen wir in unserem Kampf für Gott und die Menschen oder bleiben auf der Strecke. Entweder erreichen wir die höchste Spitze des Berges oder wir liegen auf dem Boden, entkräftet, entmutigt, hoffnungslos und tief enttäuscht. Diese Möglichkeit besteht, aber die Wette gilt. Alles oder Nichts!

Mit jedem Brief lerne ich Dich besser kennen, jede Sekunde stelle ich fest, daß wir völlig verrückt sind, weil wir diese Wette geschlossen haben. Ich weiß, daß es Dir weh tut, aber heute möchte ich Dir noch einmal sagen, Du bist von der Wette befreit.

Weißt Du ... ? Ich glaube, ich habe viel zu lange geträumt, und heute sind meine Träume mein Leben geworden. Vielleicht will ich meine Träume gar nicht verwirklichen, wenn dies hieße, daß ich nicht mehr träumen kann. Verrückt, oder? Aber sorge Dich nicht, in der Stunde der Verwirklichung dieser Träume werden wir zusammen sein, und wir werden gemeinsam neue Träume träumen, die uns jede Sekunde neues Leben schenken. Manchmal habe ich das Gefühl, ich habe Dich zum Träumen verführt, und das hat Dir viel Leiden gebracht! Komisch, mein Oberprinzip war immer, Du und vor allem Du solltest nicht leiden, und ich selbst habe Dein Leiden verursacht ...

Heute bin ich ganz glücklich, ganz von Dir erfüllt, ich habe einen langen Spaziergang gemacht, und dabei Gottes Schöpfung genießen können: die Vögel haben für mich gesungen, die Blumen haben mir ihren Duft geschenkt, die Musik des Wassers klingt noch in meinen Ohren. Immer warst Du anwesend, Deine klaren, tiefen, durchsichtigen Augen haben mich von überall angeschaut. Es war wirklich ein herrliches Gefühl, Deine ständige Begleitung zu spüren; wenn ich ins Wasser blickte, sah ich Dein Gesicht im Himmel spielen, und wenn ich meine Augen schloß, sah ich Dich in mir, ganz in mir drin, als ob unser beider Existenz in Gott eine gänzliche Einheit wäre.

Liebe Marie, ich möchte Dich nicht (und nie) verlieren, ich

möchte Dich immer lieben und immer von Dir geliebt werden, auch wenn wir nicht zusammen sein können. Dies ist aber für mich nicht so wichtig, wie der Wunsch, daß unsere Liebe niemals stirbt. Sie darf nicht sterben, sie kann nicht sterben, sie muß leben, weil sie unsere einzige Möglichkeit ist, füreinander unsterblich zu werden. Meine Liebe zu Dir ist unendlich, ich kann sie nicht mehr fassen, sie übersteigt alle Grenzen und jedes Maß, sie ist größer als mein Herz und als ich selbst.

Marie, ich kann nicht aufhören Gott zu danken, daß er uns zusammengeführt hat. Seitdem ich Dich kenne (seit dem ersten Tag), ist mein Herz ständig größer geworden, zärtlicher, einfühlsamer. Wie lange kann das noch dauern, wie lange wird mein Herz es ertragen, größer zu werden? Ich weiß nicht wie lange, aber mit Sicherheit weiß ich, daß ich bis dahin glücklich, unendlich glücklich sein werde.

Ich liebe Dich, und diese Liebe ist ein Teil meiner Vollkommenheit, weil sie nichts anderes ist als ein Spiegel der Liebe Gottes. Er liebt uns von Ewigkeit her und deshalb will er, daß wir uns lieben, damit wir bruchstückhaft erfahren, wie großartig seine Liebe zu uns ist. Seine Liebe ist unsere Liebe, und unsere Liebe ist seine Liebe, weil wir ihm unsere Liebe geschenkt haben. Immer wenn wir das tun, schenkt er uns seine Liebe zurück, aber nicht so, wie er sie von uns erhalten hat, sondern feiner, gereinigt, vollkommener, schöner, transparenter ... göttlicher. Ich kann nicht aufhören, Gott und Dich zu lieben, und wenn ich das sage, ist es keine Wiederholung, egal wo, egal wie, egal wann, ich werde Gott und Dich immer lieben, weil meine Liebe zu Euch Traum geworden ist, und Du weißt es längst, Träume sind mein Leben. Kein Mensch vermag mich jemals aus diesem Traum herauszulocken, weil damit würde er mir das Leben nehmen. Ihr seid mein Traum, mein ganz realer Traum, Ihr seid mein Liebestraum und ich möchte heute diesen Traum mit Euch zusammen träumen.

Liebe Marie, dieser Brief ist mein Geburtstagsgeschenk für Dich, glaube aber nicht, daß das, was ich Dir schenke, beschriebene Blätter sind. Bestimmt nicht! Was ich Dir schenke ist meine unendliche Liebe, mein Leiden, meine Freude, meine Schmerzen, mein Lächeln und mein Weinen. Alles was ich bin und was ich sein werde. Marie, ich bin mein Geschenk für Dich, auf diese so unvollkommene Weise ausgedrückt.

*

Lieber Raffael,

Weißt Du – unsere Liebe ist ein ununterbrochenes Wagnis. Manchmal denke ich, wenn sie aufhört, ein Wagnis zu sein, dann wird sie langweilig und dann schleicht einer von uns beiden sich davon. Ich bin mir gar nicht so klar darüber, ob das Du bist oder ob das ich bin. (Das wird nicht sein, weil ich absolut davon überzeugt bin, daß wir auf unsere Liebe aufpassen, sie hegen und pflegen; niemals werden wir diese wunderbare Liebe aufgeben! Alles das sind also nur Gedankenspiele, um uns zu verstehen.) Es gibt Zeiten, da denke ich, Du gehst, wenn unsere Freundschaft aufhört, eine wechselseitige Erkundung und ein gemeinsamer Weg hin zu Gott zu sein. Dabei fange ich an, an mir zu entdecken, daß ich diese Disposition ebenso habe, sie nur etwas anders ausschaut. Ich denke, ich würde mich einfach innerlich davonmachen. D. h. Dir nach wie vor zur Seite stehen, aber meinen innerlichen Weg allmählich nicht mehr mit Dir teilen.

Was denkst Du? Ist unsere Liebe deshalb so spannend, ja, ein riesiges Abenteuer, weil wir uns in unserer Liebe auf den lieben Gott eingelassen haben?

Dies ist es, was mich vor all meine Unvollkommenheiten treibt, um den gemeinsamen Weg zu Ihm – der ja *innerer* und *äußerer* Weg ist – mitzugestalten und für seine Schönheit zu sorgen.

Du – Du liebst die Herausforderung, Du liebst es, Neues kennenzulernen, Dich darin zu bewähren, es zu bewältigen. Du hast auch eine große Begabung, nämlich Probleme so anzugehen, daß sie für Dich aufhören Probleme zu sein, indem sie zu Aufgaben werden. Indem Du all dies tust, lernst Du

Dich selber kennen. Auf dem Weg über Dich selbst aber lernst Du die Menschen kennen und verstehen ... Ich weiß, daß Zeiten kommen, in denen die Radikalität unseres Lebens darin liegt, unseren Weg nicht vorzubereiten, sondern ihn wirklich gemeinsam zu gehen und ihn ganz zum Gelingen zu bringen. Merkst Du, unsere Liebe ist ein Wagnis, für uns beide. Unsere Liebe bringt mich außer Atem und erfüllt mich mit dem Hauch (Atem) Gottes.

*

Liebe Theresia,

Die Liebe ist ein Geheimnis. Die Liebe reißt mich hin zu Dir, zieht mich in ein Gespräch von solcher Vertrautheit, wie sie nur zwischen Seelenfreunden möglich ist. Und eigentümlich:
 obgleich Du in mir anwesend und ganz gegenwärtig bist, bist Du doch dauernd abwesend.

Wenn es doch gelänge, unser In-der-Liebe-sein und unsere Liebe wahrzunehmen! Wenn es doch gelänge, Dich und mich wahrzunehmen! Aber das ist eine Illusion. Meinem Verstand und meinem Herzen sind die Augen verbunden, das Wesen der Liebe aufzufangen.

Wie offen liegst Du vor mir – und es scheint nur so als sähe ich Dich. Du überwältigst mich und beraubst mich jeder Wahrnehmungsfähigkeit. In Wirklichkeit bist Du unerkennbar. Niemals habe ich Dich von Angesicht gesehen.

*

Lieber Michael,

die räumliche Trennung enthüllt den eigentümlichen Glanz der Liebe. Ich weiß, die größte Wonne für eine Liebende ist es, den Geliebten wiederzusehen. Während sie sich sehnt, ist dem Geliebten ihre Liebessehnsucht entgangen, er weiß es und weiß es doch nicht, daß sie ohne ihn einfach nicht leben kann. Während seiner Abwesenheit häufen sich in ihr Bitten und Wünsche, die niemand anderer als der Geliebte erfüllen kann. Und begegnet sie ihm – im Brief oder von Angesicht zu

Angesicht – so breitet sie all ihre Sehnsüchte vor ihm aus. Sie kann einfach nicht anders.

Und wie eigentümlich: erst lange nach dem unmittelbaren Fühlen und Spüren hört der Geliebte und antwortet mit den Worten, die die Liebende sich immer schon ersehnte. Und noch geheimnisvoller: genau davon, von diesem Spiel der Sehnsucht, des Wartens und der Erfüllung lebt der Mensch, der liebt.

All das verrät mir unsere Liebe. Und weil Du und ich die Sehnsucht nach Gott im eigenen Inneren und in dem des anderen vernehmen, deshalb lehrt uns unsere Liebe die Sprache, die Gott mit seinem Finger in unser Herz geschrieben hat.

Für Dich ganz persönlich wird es nicht leicht sein, mich nicht erreichen zu können, mich nicht treffen, mich hören und mir erzählen zu können. Genau darin bist Du nicht allein, denn das ist zur Zeit die intensivste Gemeinsamkeit unserer Liebe: die Sehnsucht. Unsere Sehnsucht gehört uns.

ANSTELLE EINES NACHWORTES

„Küß mich mit dem Kuß deines Mundes"

Zu einer Theologie des Kusses

„Küß mich mit dem Kuß deines Mundes" – so lautete die ursprünglich geplante Überschrift des vorliegenden Buches. Im Laufe seiner Entstehung entwickelte sich die jetzige, die die Grundlinie des Buches programmatisch zusammenfaßt. Trotzdem sollen die Überlegungen, die hinter der anfänglichen Titelgebung standen, nicht unterschlagen werden, werfen sie doch ein Licht auf die entscheidende Bedeutung, die der Beziehung (relatio) zwischen Gott und Mensch und Mensch und Mensch im Christentum zukommt.

„Küß mich mit dem Kuß deines Mundes!" In diesen wenigen Worten ist vieles enthalten: Sehnsucht, Sinnlichkeit, Zärtlichkeit, Liebe, alles was man mit einem Kuß zum Ausdruck bringen kann. Aber ... nur das? Ist ihre Bedeutung also eingeschränkt auf die Ebene des gefühlvoll Profanen?

Schon der Kontext des zitierten Ausspruchs weist über diese Ebene hinaus. Es handelt sich nämlich um ein Zitat aus der Heiligen Schrift. Im Alten Testament hebt eine Sammlung von Liebesliedern, deren hebräischer Titel wörtlich übersetzt „Das Lied der Lieder" heißt (wofür Luther den Ausdruck „Das Hohelied" fand) an mit den Worten: „Wenn er mich doch küßte mit den Küssen seines Mundes". In diesem Stück religiöser Dichtung besingt ein junges Liebespaar in stimmungsvollen Bildern seine Sehnsucht nach dem ganz Anderen.

Was ein Kuß zum Ausdruck zu bringen vermag, ist viel mehr als das, was oft in Fernsehen, Kino und Zeitungen vorgespielt wird. In vielen Kulturen ist der Kuß die selbstverständliche Begrüßungsgeste. Mit einem Kuß werden die Gäste willkommengeheißen oder verabschiedet, er ist ein Zeichen der Zuneigung und des Respekts. In der Familie küssen die Eltern die Kinder und die Kinder die Eltern, wodurch ihrer beider Vertrautheit und innige Zuneigung zum Ausdruck kommt.

In der Liturgie finden sich zahlreiche Beispiele der analogisch-sakramentalen Bedeutung des Kusses. Im Allgemeinen ist der Kuß in der Liturgie ein Symbol der übernatürlichen Liebe. Im Tauf- und Firmungsritus ist er ein Zeichen für die Aufnahme in die christliche Gemeinschaft. Der Altar wird zu Beginn und am Ende der Eucharistiefeier geküßt, ein Brauch, der bis in das vierte Jahrhundert zurückreicht. Dahinter stand zunächst die Auffassung, daß der Altar ein Symbol Christi sei, aber auch, daß durch den Kuß die Märtyrerreliquien im Altar verehrt würden. Noch heute wird nach der Lesung des Evangeliums das Evangeliar geküßt. Wo es üblich ist, küssen sich die Konzelebranten und die Gläubigen beim Friedensgruß. Das ist, was nach der Liturgiereform des Zweiten Vatikanums von den früheren kultischen Vorschriften übriggeblieben ist, die eine Fülle von Momenten vorsahen, wo der Kuß als Ausdruck von Respekt und Verehrung galt; so wurden z. B. Kelch, Patena oder Stola geküßt. Die ostkirchliche Liturgie hat den Kuß als liturgische Handlung beibehalten, wobei die küssende Verehrung der Ikonen durch die Zelebranten und die Gläubigen dem Christen des Westens befremdlich erscheinen mag. Dahinter steht die Idee, daß sich im liturgischen Geschehen Himmel und Erde begegnen, eine Begegnung, die von seiten des Menschen alle menschlichen Sinne – Augen, Ohren, Geruch und Berührung – miteinbezieht. Wie die Ikone selbst spirituell als Fenster verstanden wird, durch das der Betrachter in die geheimnisvolle Sphäre des Heiligen „schauen" darf, so ist der Kuß das menschliche Zeichen der Verehrung des Göttlichen.

Seit jeher hatte der Kuß eine Bedeutung, die weit über das Leibliche und Profane hinausging. Seine ursprünglichste Bedeutung ist die der Kraftübertragung und der Vereinigung. In den antiken Kulturen waren der Kuß des Altares und der Gottesbilder üblich. Bei den Ägyptern wurden die Füße des göttlichen Herrschers geküßt, bei den Römern sah man im Kuß ein Zeichen der Zugehörigkeit zu einem Bund, und im Islam ist noch heute das Küssen des Schwarzen Steines der Kaaba der Höhepunkt der Wallfahrt nach Mekka.

Auch in der Bibel ist der Kuß eine übliche und häufige Geste, z. B. der Kuß zwischen Eltern und Kindern (Gen 27, 27), zwischen Geschwistern (Gen 33, 4; Ez 4, 27), nahen Verwandten (Gen 29, 11 ff; Ex 18, 7) und vertrauten Freunden (1 Sam 20, 4; 2 Sam 19, 40); als Ausdruck der bräutlichen Liebe findet sich der Kuß im Hohenlied (Hld 1, 2).

Im Alten Testament hat der Kuß auch die Bedeutung der Verehrung. Als Samuel Saul küßte (1 Sam 10, 1), erwies er dadurch dem neu gesalbten König seine Huldigung. In den Psalmen bedeutet das Küssen der Füße die bedingungslose Unterwerfung: „Dienet Jahwe in Furcht! Seine Füße küsset mit Zittern" (Ps 2, 11). Mit dem Kuß werden die eschatologischen Zeichen umschrieben, die die Herrlichkeit und das Heil Gottes begleiten: „Begegnen werden sich Erbarmen und Treue, Gerechtigkeit und Frieden werden sich küssen" (Ps 85, 11). Im Buch Hiob ist der Handkuß ein Zeichen der Anbetung, durch die Hiob zur Sünde verführt worden wäre, hätte er sich seine Hände küssen lassen: „Wenn heimlich sich mein Herz betören ließ / dem Munde meine Hand zum Kuß sich bot, / Auch das ist eine Sünde für den Richter; / ich hätte Gott dadroben ja verleugnet" (Hiob 31, 27). Der Kuß mit Umarmung war der Gruß unter Gleichgestellten, vor allem Geschwistern, so bei der Versöhnung zwischen Jakob und Esau: „Esau lief ihm entgegen, umarmte ihn und fiel ihm um den Hals; er küßte ihn und sie weinten" (Gen 33, 4).

Im Neuen Testament ist der heilige Kuß oder Friedenskuß der Ausdruck der Gemeinschaft in Christus. Der Apostel Paulus mahnt die jungen Gemeinden von Rom und Korinth: „Grüßt einander mit dem heiligen Kuß" (Röm 16, 16; 1 Kor 16, 20). Mit einer ähnlichen Abschiedsformel schließt der erste Petrusbrief (5, 14): „Grüßt einander mit dem Kuß der Liebe." Die Gemeinde von Ephesus nahm auch mit einem Kuß Abschied von Paulus: „... Nach diesen Worten kniete Paulus mit allen zum Gebet nieder. Alle brachen in lautes Weinen aus; sie fielen Paulus um den Hals und küßten ihn" (Apg 20, 36.37).

Der Kuß, der in den Umgangsformen der christlichen Urgemeinde immer präsent war, hatte nicht nur den formalen Charakter einer Begrüßungs- oder Abschiedsgeste, sondern war ein Zeichen echter Liebe, dessen Inhalt deutlich wird, wenn wir den Mißbrauch des Kusses durch Judas dagegenhalten. Das Zeichen der Liebe und zärtlichen Zuneigung wurde zum schändlichen Zeichen des Verrats: „Während er noch sprach, da kam Judas, einer von den Zwölfen, und mit ihm eine große Schar mit Schwertern und Knütteln, (ausgeschickt) von den Hohenpriestern und Ältesten des Volkes. Der ihn überlieferte, hatte ihnen aber ein Zeichen angegeben und gesagt: ‚Der, den ich küssen werde, der ist's; den nehmt fest!' Und sofort ging er auf Jesus zu und sagte: ‚Sei gegrüßt, Rabbi!' und küßte ihn." (Mt 26, 47–49) „... Jesus aber sprach zu ihm: ‚Judas mit einem Kuß verrätst Du den Menschensohn?'" (Lk 22, 48).

Wie tief muß der Schmerz gewesen sein, sich durch einen Kuß verraten zu wissen!

In der Praxis der Kirche zwar immer angewandt, erlebte die theologische Reflexion über den Kuß ihre Blüte im Mittelalter, insbesondere in der Vielzahl der Kommentare zum Hohenlied, nicht zuletzt in den Predigten zum Hohenlied Bernhards von Clairvaux und der gesamten zisterziensischen Tradition. Beinahe alle Hoheliedkommentare beginnen mit der Auslegung der Symbolik des Kusses, da das Lied der Lieder eben mit den Worten „Küß mich mit dem Kuß deines Mundes" anhebt.

Einen ersten Hinweis auf die spirituelle Interpretation des Kusses entnehmen wir der „Meditativa Oratio" des Wilhelm von Saint-Thierry: „Wenn zwei sich zärtlich küssen, hauchen sie sich gegenseitig ihren Atem ein." Die Luft als eines der fünf Grundelemente sowie der Atem waren schon für die Antike ein Symbol des Lebens. Das Schwinden des Atems war für die Römer der letzte Beweis des Todes. Ein gegenseitiges Einhauchen des Atems ist folglich ein gegenseitiges Einhauchen des Lebens.

Was ist aber das menschliche Leben gegenüber dem Leben, das wir von Gott empfangen? Die Küsse der Menschen sind Symbol und Analogie der schöpferischen Kraft des Hauches Gottes. Er, der die Seele des Menschen mit einem küssenden Hauch (Gen 2,7) erschuf, ist derjenige, der in uns die Sehnsucht nach dem ewigen Kuß eingepflanzt hat.

Der Kuß Gottes ist der Kuß der Liebe, der Geist Gottes, der hebräische „ruach", der schon vor der Schöpfung über den Wassern schwebte. Die schöpfende Kraft des Hauches Gottes rief die ganze Welt ins Dasein und wird sie bis zum apokalyptischen Ende begleiten; bis zur Rückkehr des Menschen in die Ewigkeit Gottes. Mit einem Kuß hat Gott die Welt geschaffen, mit einem Kuß gab er dem Menschen das Leben und mit dem Kuß seines Geistes begleitet er ihn bis in die letzte und tiefste Erfahrung der Gottesvereinigung.

Der menschliche Kuß ist in diesem Leben flüchtig und vorübergehend, deshalb schreit der Mensch sehnsüchtig nach dem Kuß des göttlichen Mundes: „Küß mich mit dem Kuß deines Mundes." Nicht mit dem Kuß der Sinnlichkeit und der Leidenschaft, der wie eine Flamme emporsteigt und bald verlischt, sondern mit dem Kuß deines Mundes, dem lebensspendende und immerwährende Kraft entströmt! Wer sich von Gott küssen läßt, erfährt die Vereinigung mit ihm. Antwortet der Mensch mit einem Kuß, so wird er durch den göttlichen Hauch geläutert. Indem er den „Mund" weit öffnet (Ps 80,11), erfüllt ihn Gott ganz mit dem Atem seiner Liebe.

Literaturangaben

Allgemeine Literatur zur Geistlichen Freundschaft

Aelred von Rieval: Über die geistliche Freundschaft. Übertr. v. Rhaban Haacke u. eingel. v. Wilhelm Nyssen. Trier 1978.
Ariès, Philippe / Béjin, André / Foucault, Michel: Die Masken des Begehrens und die Metamorphosen der Sinnlichkeit, Zur Geschichte der Sexualität im Abendland. Frankfurt 1982.
Bach, Richard: Die Möwe Jonathan. Frankfurt, Berlin (31.) 1985.
Drewermann, Eugen: Kleriker. Psychogramm eines Ideals. Olten 1989, bes. S. 187–192; 708–729.
Fromm, Erich: Die Kunst des Liebens. Frankfurt, Berlin 1980.
Körner, Heinz: Johannes, Erzählung. Fellbach 1978.
Kuhn, Helmut: Liebe, Geschichte eines Begriffs. München 1975.
Lukian: Das Hohelied der Freundschaft. Hrsg. u. übertr. v. Erwin Steindl. Zürich 1962.
Mechthild von Magdeburg: Das fließende Licht der Gottheit. Übers. u. eingef. v. Margot Schmidt, mit e. Studie v. Hans Urs von Balthasar. Einsiedeln 1955.
Mieth, Diethmar: Die Kunst, zärtlich zu sein, Wege zur Sensibilität. Freiburg 1982.
Pfeiffer, Karl Heinz: In Gott verbunden – Aus dem Leben heiliger Liebespaare. Freiburg 1987.
Pieper, Josef: Über die Liebe. München 1974.
Saint-Exupéry, Antoine de: Der Kleine Prinz. Düsseldorf 1972.
Teilhard de Chardin, Pierre: Briefe an Frauen. Hrsg. u. erl. v. Günther Schiwy. Freiburg, Basel, Wien 1988.
Thiele, Johannes: Die Erotik Gottes, Menschen werden wir nur als Liebende. Stuttgart 1988.
Welte, Bernhard: Dialektik der Liebe. Frankfurt 1973.

Abaelard und Heloise

Abaelard. Die Leidensgeschichte und der Briefwechsel mit Heloisa. Übertr. u. hrsg. von Eberhard Borst. Heidelberg: Verlag Lambert Schneider, 4., verbesserte Aufl. 1979.
(Die Übertragung liegt dieser Auswahl zugrunde)
Dronke, Peter: Abaelard and Heloise in Medieval testimonies. Glasgow 1976.
Fumagalli, Mariateresa: Heloise und Abaelard. München 1986.
Gilson, Étienne: Heloise und Abälard, Zugleich ein Beitrag zum Problem von Mittelalter und Humanismus. Freiburg 1955.

Zerbi, P.: Abelardo e Eloisa: Il problema di un amore e di una corrispondenza. In: Love and marriage in the XIIth Century. Leuven 1981.

Jordan von Sachsen und Diana von Andaló

Scheeben, H. Christian: Jordan der Sachse. Vechta 1937.
Mumbauer, Johannes: Die Briefe des seligen Jordan von Sachsen. Vechta 1927.
Altaner, Berthold: Die Briefe Jordans von Sachsen, des zweiten Dominikanergenerals (1222–1237), Text und Untersuchungen. Leipzig 1925. Die hier edierten lateinischen Originale liegen unserer Neuübertragung zugrunde.
Emery, Gilles: Jordan und Diana – Eine dominikanische Liebesgeschichte. 1988. (Wo dieser kurze Beitrag erscheinen wird, war uns bei Drucklegung noch nicht bekannt. Wir bedanken uns für die Einsichtnahme.)

Teresa von Ávila und Jerónimo Gracián

Gracián, P. Jerónimo: Obras. Biblioteca Mistica Carmelitana. Burgos 1932–1933.
ders.: Peregrinacion de Anastasio. El monte Carmelo, Burgos 1905.
ders.: Diálogo de Angela y Eliseo, in: Revista de Archivos, Bibliotecas y museos, 1913, S. 93–100.
Lorenz, Erika: Ich bin ein Weib und obendrein kein gutes. Freiburg 1982.
Dies.: „Nicht alle Nonnen dürfen das", Teresa von Ávila und P. Gracián – die Geschichte einer großen Begegnung. Freiburg 1983.
Teresa de Jesús: Obras Completas. Biblioteca de Autores Cristianos. Madrid (6) 1977. Die hier neu übertragenen Briefe sind ausgewählt aus den Epistolario (Briefe).
Teresa von Ávila. Eingeleitet und übersetzt von Ulrich Dobhan. Olten 1979.

Bernhard von Clairvaux und der Zisterzienserschule

Die Werke des hl. Bernhard sind in zwei Bänden der Patrologia latina (Bd. CLXXXII u. CLXXXIII) erschienen; seit 1957 wird eine kritische Ausgabe von J. Leclerq, C. H. Talbot u. H. Rochais erarbeitet (Rom 1957 ff). Eine kritische Ausgabe in deutscher Übertragung liegt nicht vor; zu verweisen ist auf die alte, mangelhafte Ausgabe v. A. Wolters. Gute Übertragungen ausgewählter Texte legte B. Schellenberger vor.
Die Schriften des honigfließenden Lehrers Bernhard von Clairvaux. Nach der Übertragung v. M. Agnes Wolters S. O. Cist., hrsg. v. d. Abtei Mehrerau durch Eberhard Friedrich S. O. Cist, 6 Bde. Wittlich 1938.
Aelred von Rieval: Über die geistliche Freundschaft. Übertr. v. Rhaban Haacke u. eingel. v. Wilhelm Nyssen. Trier 1978.
Duby, Georges: Der Heilige Bernhard und die Kunst der Zisterzienser. Stuttgart 1981.
Ein Lied, das nur die Liebe lehrt, Texte der frühen Zisterzienser. Ausgew., übers. u. eingel. v. Bernardin Schellenberger. Freiburg 1981.

Gilson, Stefan: Die Mystik des Heiligen Bernhard von Clairvaux. Wittlich 1936.
Köpf, Ulrich: Religiöse Erfahrung in der Theologie Bernhards von Clairvaux. Tübingen 1980.
Leclerq, Jean: L'amour des lettres et le désir de Dieux. Paris 1957, deutsch von J. u. N. Stöber: Wissenschaft und Gottverlangen. Zur Mönchstheologie des Mittelalters. Düsseldorf 1963.
Ders.: Monks and Love in Twelfth Century France. Oxford 1978.

Thérèse von Lisieux und Céline Martin

Balthasar, Hans Urs von: Schwestern im Geist, Thérèse von Lisieux und Elisabeth von Dijon. Einsiedeln 1970.
Bernanos, George: Predigt eines Atheisten am Fest der Kleinen Therese. Einsiedeln 1956.
Six, Jean-François: Theresia von Lisieux, Ihr Leben, wie es wirklich war. Freiburg (2.) 1976.
Therese Martin: Briefe. Deutsche authentische Ausgabe der *Correspondance Général de Sainte Thérèse de Lisieux, Editions du Cerf et Editions Desclee de Brouwer, Paris,* Leutesdorf 1976.
Dies.: Selbstbiographische Schriften. Authentischer Text. Nach der von P. François de Sainte Marie O.C.D. besorgten und kommentierten Ausgabe ins Deutsche übertragen von Otto Iserland u. Cornelia Capol, Geleitwort v. H. U. v. Balthasar. Einsiedeln (7.) 1958.

Wegzeichen der Liebe

Bettina von Arnim
„Meine Seele ist eine leidenschaftliche Tänzerin"
Ausgewählt und eingeleitet von Otto Betz
Band 935, 160 Seiten, 3. Aufl.

Emily Dickinson
Ich wohn' im Haus der Möglichkeit
Zeugnisse einer Unbehausten
Gedichte und Briefe
Zusammengestellt, aus dem Amerikanischen
übertragen und eingeleitet von Susanne Schaup
Band 1711, 144 Seiten

Antoine de Saint-Exupéry
Man sieht nur mit dem Herzen gut
Ausgewählt und eingeleitet von Oswalt von Nostiz
Band 1151, 128 Seiten, 9. Aufl.

Edith Stein
Im verschlossenen Garten der Seele
Ausgewählt und eingeleitet von Andrés E. Bejas
Band 1359, 128 Seiten, 3. Aufl.

Walt Whitman
Ich rufe Erde und Meer an
Zusammengestellt, übersetzt und eingeleitet
von Susanne Schaup
Band 1514, 128 Seiten

Herder Taschenbuch Verlag

Wegzeichen der Liebe

Teresa von Ávila
„Ich bin ein Weib – und obendrein kein gutes"
Ein Portrait der Heiligen in ihren Texten
Ausgewählt, übersetzt und eingeleitet
von Erika Lorenz
Band 920, 144 Seiten, 6. Aufl.

Bernhard von Clairvaux
„Weil mein Herz bewegt war"
Eingeleitet und übersetzt von Elisabeth Hense
Band 1694, 128 Seiten

Ein Lied, das nur die Liebe lehrt
Texte der frühen Zisterzienser-Mönche
Ausgewählt, übersetzt und eingeleitet von
Bernardin Schellenberger
Band 904, 176 Seiten, 2. Aufl.

Für wen gehst du?
Ordensleute berichten über ihre Berufung
Herausgegeben von Adalbert Ludwig Balling und
Josef Hopfgartner
Band 1325, 192 Seiten, 2. Aufl.

Es gibt viele Wege zu Gott
Ordensfrauen berichten über ihre Berufung
Herausgegeben von Adalbert Ludwig Balling und
Joseph Hopfgartner
Band 1581, 384 Seiten

Herder Taschenbuch Verlag